京都戦国武将の寺をゆく

津田三郎著

SUNRISE

もくじ

戦国武将編

秀吉とその一族編

京の事件簿編

戦国武将編

織田信長と大徳寺総見院

明智光秀の謀反《むほん》によって天下の統一を目前にして非業《ひぎょう》の死を遂げた織田信長。

この信長の無念を晴らすために、備中高松《びっちゅうたかまつ》から飛んで帰り、山崎の地で光秀に弔《とむら》い合戦を挑《いど》み、勝利を納めた羽柴秀吉は、主君信長のために盛大に葬儀を営み、菩提所総見院を建立する。

だが、明治の廃仏《はいぶつ》棄釈《きしゃく》の凄まじい嵐は、この信長の菩提所総見院にも容赦なく吹き荒れていた。

織田信長の墓塔

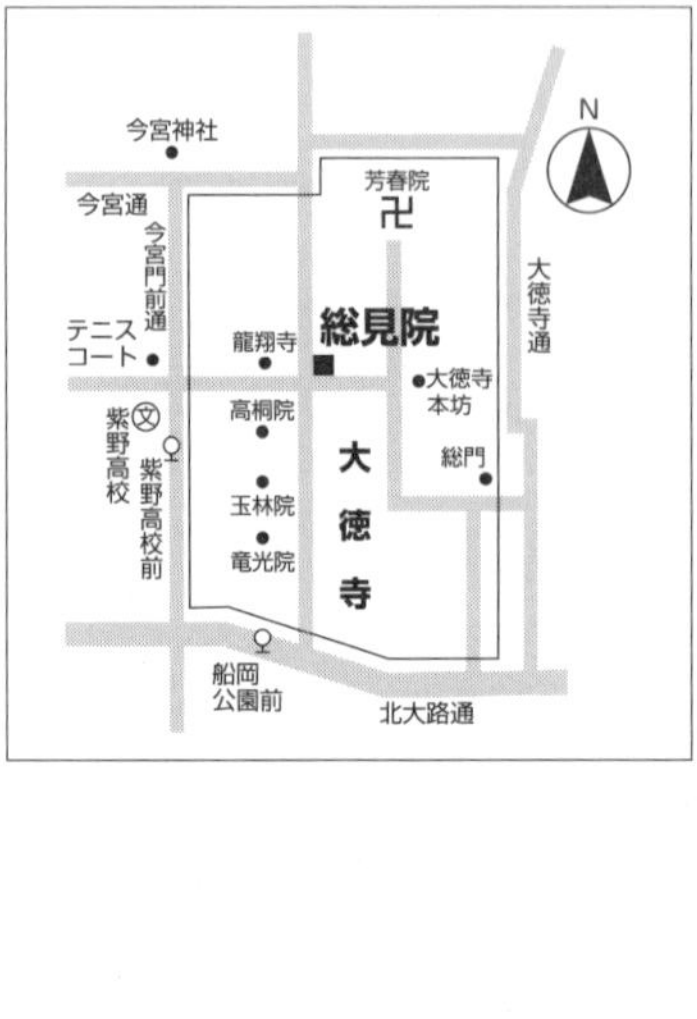

秀吉創建時のままと伝える総見院の正門

本能寺の変前夜の信長

天正十年（一五八二）五月二十九日、織田信長は、いつものように小姓《こしょう》衆や近臣の者たち二、三十名を連れて安土《あづち》を発って上洛、宿所の本能寺（中京区六角油小路）に入っている。

そして翌六月一日、信長はこの寺で、上洛を賀して訪ねて来た公卿の近衛前久《さきひさ》や博多の豪商島井宗室、神谷宗《そう》湛《たん》などを招いて、名物開《めいぶつひら》きの茶会を催している。このとき信長は、安土より持参して来た名物の茶器三十八種をひとつひとつ手に取って、客人たちに得意げに披露をしていたといわれている。

茶会のあと酒宴となり、信長は折から訪ねて来た長男の信忠《のぶただ》や京都所司代村井貞勝らと歓談、酒宴は深更《しんこう》にまで及んでいた。

そして、この日、島井宗室と神谷宗湛の茶人たちは本能寺に宿泊、信忠は村井貞勝とともに宿所としていた二条の妙覚寺（中京区二条衣棚）に戻っていった。信長が

堀秀政寄進の梵鐘を釣り下げた鐘櫓

床についたのは夜半をすぎた頃である。

明智光秀、本能寺を襲撃

信長が熟睡していた六月二日の午前四時頃、明智光秀の率いる一万三千の軍勢が、ひたひたと本能寺を取り囲んだ。

馬のいななきとひづめの音。それに地を這《は》うようなおびただしい人の足音。信長は異変を感じて、瞬間的に目覚めたようである。やがて鬨《とき》の声が挙がり、喧騒《けんそう》の中にけたたましい鉄砲の音も聞こえて来る。

「これは謀反《むほん》か。いかなる者の企《くわだ》てぞ」

『信長公記《しんちょうこうき》』は、このとき発した信長の言葉を、こう記録している。

この問いに対して、小姓の森蘭丸《もりらんまる》が「明智の者と思われます」と答えると、信長は「是非に及ばず」と一言して、弓を取って陣頭に立ったと伝えている。だが、多勢に無勢《ぶぜい》である。

信長は近習《きんじゅう》たちとともに寺の広縁に出て矢を射ちまくった。弓の弦《つる》が切れると、信長は槍《やり》をとって応戦した。だが、肘《ひじ》に銃弾を受けたとき、信長はもはやこれまでと覚悟したようである。

信長は手と顔を洗い、手拭《てぬぐ》いで体をぬぐい清めると、殿舎に火を放ち、奥の部屋に入って襖《ふすま》戸《ど》を閉じ、切腹して果てたといわれている。享年四十九歳。信長らしい最期である。

反逆者光秀の無残な末路

備中高松《びっちゅうたかまつ》城の水攻めを行っていた秀吉は、主君信長の訃報《ふほう》を耳にするや、敵方毛利軍と和議を結び、主君信長の弔《とむら》い合戦のために、つぎつぎと備中より撤退する。〈中国大返《おおがえ》し〉である。

そして、六月十三日、秀吉は京の出入り口にあたる山崎の地で、明智光秀に決戦を挑《いど》み、激闘の末に、光秀は敗走する。

このとき光秀は、居城のある坂本目指して近臣の者五、六名とともに、馬を疾走させて小栗《おぐる》栖《す》まで来たとき、竹藪道《たけやぶみち》で土民の襲撃を受け、光秀は竹槍で脇腹を突かれて重傷を負っている。かなりの深手で、再起を諦めた光秀は、家臣の溝尾勝兵衛の介錯《かいしゃく》で死んでいる。このとき、勝兵衛は光秀の首を路傍に隠して坂本に落ちのびていくが、小栗栖の土民に発見されて、首と胴は京に運ばれ、本能寺の「信長はてられ候跡」に晒《さら》されている。そしてさらに、首と胴を縫い合わせて、粟田口の刑場に磔《はりつけ》となって晒されていた。反逆者光秀の無残な末路である。

大徳寺で盛大に信長の葬儀

信長の弔い合戦に勝利を納めた秀吉は、信長の百ヵ日をすぎた十月十一日になって、大徳寺で信長の葬儀を七日間にわたって盛大に営んでいる。織田家の重臣たちは、信長の跡目を狙って牽制《けんせい》し合うばかりで、十八歳のときから二十八年間信長に仕えてきた秀吉にはもはや我慢がならなかった。

葬儀に先立って、朝廷より信長に〈太政大臣従一位〉の官位が贈られ、十五日には、信長の木像を納めた柩《ひつぎ》を、信長の第六子で秀吉の養子となっていた於次丸秀勝《おつぎまるひでかつ》と池田輝政のふたりがかつぎ、秀吉が太刀を奉持して柩に寄り添い、洛中の僧一千人が読経しながら葬列を組んで練り歩き、大徳寺山内は公卿衆はじめ見物の群衆が詰めかけて、前代未聞の盛儀であったと、古記録は伝えている。

だが、このとき柴田勝家、滝川一益《かずます》など織田家の重臣たちは参列せず、やがてこの対立は〈賤ヶ岳《しずがたけ》の戦い〉へと発展する。

吹き荒れた廃仏棄釈の嵐

主君信長の葬儀を終えると、秀吉は大徳寺山内に信長の菩提所総見院を建立、開基に大徳寺第百十七世住持を務めた古渓宗陳《こけいそうちん》和尚を迎えている。法名総見院殿一品泰巌宗安大居士。

秀吉が主君信長のために建立した寺だけあって、堂宇は壮麗をきわめ、大書院・礼之間・中之間・檀那《だんな》之間・衣鉢閣など、各部屋の襖《ふすま》には長谷川等伯《とうはく》が描いた〈山水図〉〈芦雁図〉など、水墨画で埋め尽くされていた。

ところが、残念なことに明治の廃仏棄釈《はいぶつきしゃく》で破壊し尽くされ、現在、総見院に残されている創建当時のものは、正門と寺内に残る土塀だけである。鐘楼の梵鐘は堀秀政の寄進。本堂に祀られている木像「信長公座像」は、像底に「七条大仏師宮内卿法印康清作・天正十一年五月吉日」の銘があることで知られている。

佐々成政と慈眼寺

織田信長の時代、〈府中三人衆〉と呼ばれ、柴田勝家の配下にいた前田利家と佐々成政。一時は越中・能登と領国も隣り合っていたが…。

本能寺の変後、利家と成政は互いに旗色を鮮明にして袂《たもと》を分かち、兵火を交えた末に、遂に成政は豊臣秀吉にとどめを刺され失意の生涯を終えている。

成政は尼ヶ崎の法園寺《ほうえんじ》に眠っているが、京の慈眼寺《じげんじ》は鷹司《たかつかさ》家に嫁いでいた成政の娘が、父のために僧籍にいた成政の弟を開山に迎えて建立した寺である。

慈眼寺の境内墓地にたたずむ佐々成政と妻の法名が刻まれた五輪塔

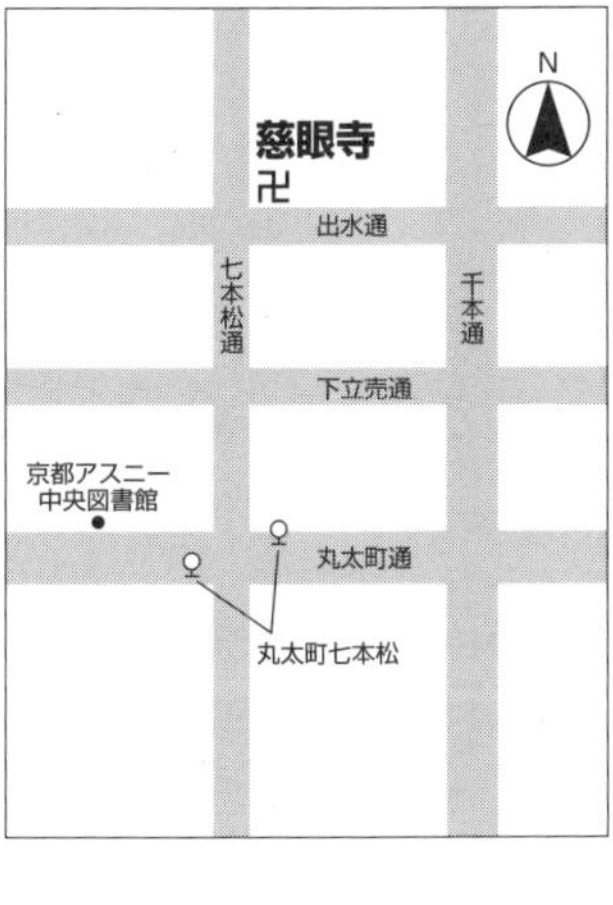

成政に憎しみを抱いた利家

織田信長に仕えていた前田利家がまつと結婚した永禄元年（一五五八）の翌年、利家は刀の鞘《さや》に差しておいた大事な笄《こうがい》を盗まれ、それが原因で信長が寵愛《ちょうあい》していた拾阿弥《じゅうあみ》を斬殺した。この結果、利家は信長の怒りを買って、二年の間出仕を止められている。このとき、同じ家中の佐々成政《さっさなりまさ》が拾阿弥を必要以上に庇《かば》い立てしたため、利家は成政に憎しみを抱いたといわれている。

成政と利家は同じ尾張名古屋の出身だったが、成政の方が二歳若い天文八年（一五三九）の生まれである。ともに信長に仕え、朋輩の木下藤吉郎（秀吉）たちとともに織田軍団の若き精鋭・戦士となって戦場を駆け回っている。だが、成政と利家のふたりの間には笄事件以後、対立・対抗意識が醸《かも》されていった。

信長はこのふたりを一層競わせるために、天正三年（一五七五）、前田利家と佐々成政、不《ふ》破光治《わみつはる》の三人で領有するようにと越前二郡十万石を与え、〈府中三人衆〉として柴田勝家の配下に組み入れていた。

そして天正九年（一五八一）には、成政に越中国を、利家にはその隣の能登国を与えていた。

寝返った末に戦火を交えて

成政と利家のふたりが一国一城の主となった翌年天正十年（一五八二）、本能寺の変が勃発《ぼっぱつ》

佐々成政の二女が建立した慈眼寺（曹洞宗）

して主君信長が討たれていた。ところが、このあと朋輩の秀吉が信長の後継者を目指して行動を起こしたことから、成政と利家のふたりの命運は大きく変わった。

　織田家の宿老柴田勝家と秀吉が覇権を賭けて闘った〈賤ヶ岳《しずがたけ》の戦い〉では、当初成政も利家も〈府中三人衆〉の深い絆《きずな》から柴田勝家に味方した。律儀《りちぎ》な成政は領国越中にいて勝家の背後を守っていたが、利家は決戦を前に戦線から離脱して秀吉方に寝返っていた。

　戦後、成政は秀吉に屈服して越中一国を安堵《あんど》されたが、寝返った利家は秀吉から能登・加賀の二ヵ国を与えられていた。成政には内心利家が許せなかった。

　ところが、翌天正十二年（一五八四）織田信長の次男信雄が徳川家康と結んで秀吉打倒の兵を挙げた（小牧《こまき》・長久手《ながくて》の戦い）。このとき成政も利家も秀吉に味方したが、戦さが長引くうちに、今度は成政が徳川方に寝返っていた。そして成政は突如利家の領国内に侵入して、要衝の地にあった末森城《すえもりじょう》を急襲した。城はたちまち落城寸前まで追い詰められたが、利家が救援に駆けつけて来て事なきを得た。だが、このときから成政と利家の関係は完全に断ち切れていた。

秀吉にも嫌われた無念の成政

天正十三年（一五八五）八月、秀吉は利家からの要請を受けて佐々討伐・越中平定の軍を起こし、たちまち成政を降していた。秀吉は成政に越中一郡（新川）を与えただけで、没収した三郡を利家の嫡男《ちゃくなん》利長に与え、その上、成政の身柄を越中に置かず、大坂城詰めを命じていた。秀吉も利家から耳打ちされて、かなり成政を嫌っていた。

だが、天正十五年（一五八七）三月、秀吉は九州討伐の軍を起こすと、成政を秀吉の弟豊臣秀長の軍に付属させて出陣させた。そして五月、九州平定を終えると、秀吉は成政に肥後一国四十五万石を与えていた。どうやら成政の失脚を狙った秀吉の罠《わな》であったようである。

案の定、成政が肥後に赴任して一ヵ月も経たないうちに、成政は統治に失敗した。国人（土地の豪族）衆がつぎつぎと蜂起、一揆《いっき》の波は肥後全土に広がっていた。手に負えなくなった成政は、立花宗茂、小早川隆景など九州の諸大名の救援を得て、ようやく一揆を鎮圧したのはその年の暮れである。

秀吉は成政の失政を責め、成政は秀吉に釈明と謝罪をするため、翌天正十六年二月肥後を発って大坂へ向かった。ところが、尼ヶ崎まで来たとき足止めされて、閏五月十四日、秀吉は加藤清正を遣《つか》わして、成政に切腹を命じていた。享年五十歳。尼ヶ崎の法園寺《ほうえんじ》で成政は無念の生涯を終えている。

成政の二女が開いた京の慈眼寺

成政は尼ヶ崎市寺町の法園寺（浄土宗）で眠っている。ところが、京都にも成政の菩提《ぼだい》を弔《とむら》うために、成政が切腹した天正十六年の年に建立された寺があった。上京区出水通七本松東入にある慈眼寺《じげんじ》（曹洞宗）である。

摂家鷹司《たかつかさ》家の鷹司信房の下に嫁いでいた成政の娘（二女・嶽星院）が父の菩提を弔うために、織田信長の父信秀が開いたという尾張万松寺《ばんしょうじ》の開山大雲永瑞の下に弟子入りしていた成政の弟本祝宗源を招いて開いた寺である。摂家鷹司家の手厚い庇護もあって寺容の整った美しい寺である。

本堂の東壇中央に祀られた佐々成政と妻（村井貞勝の娘）の法名が刻まれた位牌

本堂の東壇中央に成政の法名「成政寺殿前奥州太守四品庭月道閑大居士」と、成政没後四年に没した成政の妻「慈光院殿善屋貞循大姉」の、ふたりの法名を刻んだ位牌が祀られていて、境内奥の墓地にもふたりの法名を刻んだ一基の五輪塔が、歴代住職の墓に見守られてたたずんでいる。

安国寺恵瓊と建仁寺

関ヶ原の合戦に敗れ、徳川家康によって六条河原で斬首された不運の禅僧安国寺《あんこくじ》恵瓊《えけい》。

このときから恵瓊は徳川幕府によって悪僧・佞僧《ねいそう》・奸僧《かんそう》呼ばわりされて、禅僧として最高位にのぼり詰めていた恵瓊の輝かしい足跡は、すべて抹殺されている。

だが、京の町なかにあって、いまも恵瓊を偲び、斬首されたという十月一日を忌日に、供膳《くぜん》をして法要を営んでいる寺があった。臨済宗建仁寺派の大本山建仁寺である。

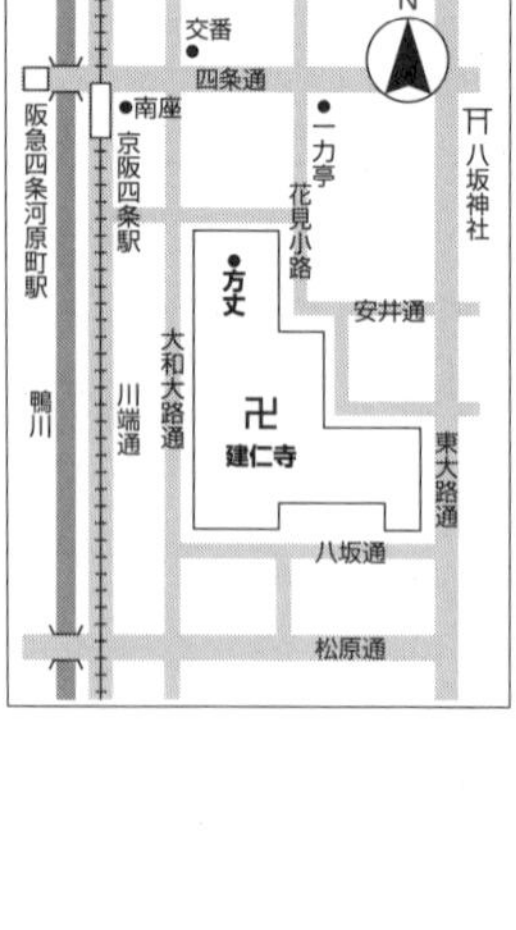

恵瓊が再建した建仁寺の方丈

寺に隠れた戦国の遺児

全国各地に群雄が割拠していた戦国乱世の時代。まだ織田信長も七歳、豊臣秀吉も四歳という幼い頃であった天文十年（一五四一）。

安芸《あき》国（広島）の名家で、この地方の守護大名であった武田一族が、新興勢力の毛利一族に攻められて滅亡した。このとき落城した武田氏の居城銀山城《かなやまじょう》から、四歳になるひとりの幼童が家臣に伴われて脱出、安芸安国寺に逃げ込んでいる。自刃《じじん》した城主武田信重の子・竹若丸で、武田家再興の夢を託されての脱出である。

ところが、寺に隠れ住んだ竹若丸は、御家再興どころか仏道修行に精進をはじめ、年を経るにつれて立派な青年僧に育っていた。

こうして十二年経った天文二十二年（一五五三）、竹若丸はこの安芸安国寺で、生涯の師となる竺雲恵心《じくうんえしん》和尚に出会っている。

恵心は当時、京・東福寺の塔頭《たっちゅう》退耕庵《たいこうあん》主を務めており、のちに東福寺の第二百十三世住持となる当代一流の禅僧であった。

恵心は竹若丸をひと目みて、その非凡な才能を見抜き、ただちに法弟に加えて〈恵瓊《えけい》〉の法名を贈っている。慶長五年（一六〇〇）の関ヶ原の合戦の際に、徳川家康によって斬首されてしまう、あの安国寺恵瓊である。

数々の功績を残した禅僧恵瓊

師の恵心にめぐり会った恵瓊は、師とともに京にのぼり、東福寺山内の塔頭退耕庵などに住んで、日本を代表する京・五山の禅林の僧としての教養を身につけていく。

こうして三十二歳となった永禄十二年（一五六九）、恵瓊は郷里安芸安国寺の住持となり、このときから終生、安国寺恵瓊を名乗っている。

そして、師の恵心が没した天正七年（一五七九）、恵瓊は師ゆかりの東福寺塔頭の退耕庵主となり、秀吉が没した慶長三年（一五九八）には東福寺の第二百二十四世住持に就任、関ヶ原の合戦の起こる半年前の慶長五年三月には、南禅寺住持の公帖《こうじょう》を受け、禅僧としての最高位に達していた。師恵心をも凌駕する傑出した禅僧である。

その一方で恵瓊は、秀吉によって戦国乱世の時代に終止符がうたれたことをみてとってか、実に多くの堂塔伽藍の修築に手を染めている。恵瓊がかつて身を隠していた安芸安国寺（現・不動院）はもとより、備後（鞆《とも》）の安国寺、厳島の大経堂（千畳閣）をはじめ、この京都でも、東福寺山内の庫裏・通天橋・塔頭退耕庵などをつぎつぎと修築、建仁寺の方丈再建をも行っており、その多くがいまも国宝・重要文化財となって残されていて、この方面でも恵瓊は多大の功績を残していた。

怨念を捨て毛利一族のために

恵瓊は師に恵まれて、御家再興どころか師を超える不世出の禅僧となった。ところがいまひとつ師から学んだ外交僧としての役務で、恵瓊は命を落としてしまうのである。

恵瓊の師恵心は毛利一族から厚い帰依《きえ》と信頼を得て、権謀術数《けんぼうじゅっすう》の渦まく戦国大名間の交渉事や和平・調停・懐柔工作などにあたっている。

永禄三年（一五六〇）、中国地方の雄となった毛利元就《もとなり》を中央政界に結びつけるために、正《おお》親町《ぎまち》天皇に二千貫を献ずるなど工作したのは恵心である。

こうした毛利氏の外交僧としての師の行動を目のあたりにして、恵瓊もまた過去の怨念を捨てて毛利氏のために、師以上の外交僧となって活躍した。

天正元年（一五七三）将軍足利義昭が織田信長に追放されたとき、恵瓊は毛利輝元《てるもと》の依頼で調停に乗り出し、上洛した。このとき信長と秀吉に対面した恵瓊が、信長はいずれ〈高ころびにあをのけにころばれ候〉と、十年先の信長の命運（本能寺の変）を予言していたことは、あまりにも有名である。

そして天正十年（一五八二）、信長と毛利が激突、秀吉が毛利方の最前線であった備中高松城を水攻めにしていたとき、毛利方の和議僧となって秀吉と講和を結んだのは恵瓊である。

夢破れた関ヶ原の合戦

天正十三年（一五八五）秀吉は天下を統一すると、毛利一族ばかりか、毛利氏の外交僧として活躍する恵瓊にも知行二万三千石を与えて、自らの側近に加えていた。このときから恵瓊は僧侶で大名という、聖・俗あわせもった生涯を送る。

ところが、秀吉が没して関ヶ原の合戦が起こると、石田三成は徳川家康の対抗馬に毛利輝元をと、言葉巧みに恵瓊を誘った。毛利家の外交僧であった恵瓊は、〈家康を討てば毛利家に天下が…〉と、その夢の実現に向かって奔走した。

安国寺恵瓊の墓

だが、戦さの結果は、肝心の毛利一族が内部分裂（小早川秀秋の寝返り）を起こしたために、家康が勝利を納め、恵瓊の夢は破れ去ってしまったのである。

江戸時代、恵瓊は幕府によって悪僧・奸僧《かんそう》と喧伝された。毛利家からも「安国寺一人の才覚《さいかく》」と、すべての罪をかぶせられ、禅僧としての優れた業績までも抹殺されてしまったのである。

建仁寺に眠る安国寺恵瓊

合戦に敗れ、夢破れた恵瓊は、慶長五年九月二十二日、京にひそんでいるところを逮捕されて、石田三成・小西行長らとともに大坂・堺の町を引き回され、十月一日、京の六条河原で斬首、三条大橋の橋のたもとにその首がさらされている。

このとき、建仁寺の僧たちが恵瓊の首を建仁寺の方丈裏手に墓を築いて埋葬、丁重に供養を行っている。

当時建仁寺は、応仁の乱の兵火にかかって堂宇を焼失、恵瓊の助力によって慶長四年七月、安芸安国寺の方丈が移されてきて、念願の方丈が再建されている。

建仁寺では、この恵瓊に感謝、このときから今日にいたるまで、命日にあたる十月一日には、歴代住持と同様な供膳《くぜん》をして瑤甫《ようほ》（恵瓊の号）忌を営み、報謝の供養を行っている。

恵瓊の再建した建仁寺の方丈は、昭和九年の室戸台風で倒壊したが、重要文化財とあって往時のまま再建されて、その方丈の裏手にいまも恵瓊は眠っている。

石田三成の子重家と妙心寺寿聖院

関ヶ原合戦の西軍の首謀者石田三成は、敗走の途中逮捕されて、京・大坂を引き回された末に六条河原で斬首。

三成の父正継《まさつぐ》と兄の正澄《まさずみ》は、三成の居城佐和山城を死守していたが、衆寡《しゅうか》敵《てき》せず、城に火を放って自刃《じじん》する。

このとき、三成の子重家《しげいえ》は大坂城を脱出して、父が創建した寺・寿聖院《じゅしょういん》に駆け込んでいる。徳川家康に許された重家は、師に恵まれて優れた禅僧となり、石田一族の菩提を弔いながら百三歳の生涯を終えている。

石田三成の子重家（宗享）の墓

妙心寺塔頭寿聖院

六条河原で斬首された三成

慶長五年（一六〇〇）九月十五日、東軍徳川家康と西軍石田三成の率いる総勢十五万の大軍が、美濃と近江の国境いで激突した。関ヶ原の合戦である。

戦さの結果は、西軍に与《くみ》していた小早川秀秋隊一万五千が突如東軍に寝返ったために、西軍は総崩れとなり、敗走した。

このとき戦場から脱出した石田三成は、大坂城に戻って再起をはかろうと、琵琶湖を大きく迂回《うかい》して、湖北経由で大坂へと向かっていた。

ところが、不運にも途中で激しい腹痛に襲われ、やむなく湖北の古橋村（伊香郡木之本町）で、旧知の農民に匿《かくま》われて岩穴に潜伏、養生をしていたところを、九月二十一日、東軍の田中吉政隊に発見されてしまったのである。

逮捕された石田三成は大坂に送られ、同じく逮捕されていた小西行長、安国寺恵瓊《あんこくじえけい》とともに、それぞれ首枷《くびかせ》をはめられて車に乗せられ、大坂・堺の町を引き回されている。

そして、このあと京に移され、十月一日早朝から京中を引き回されたあと、六条河原に設けられた刑場で斬首されてしまっていた。四十一歳である。

このとき三成の首は、小西行長や安国寺恵瓊の首とともに三条大橋の橋の畔に晒されていたが、大徳寺の僧が、三成のこの首や遺体を引き取っている。

虫の知らせか寿聖院建立

石田三成は、天正十四年（一五八六）二十七歳のときに、同輩の浅野幸長《よしなが》、森忠政《ただまさ》とともに、日頃参禅するなどして帰依《きえ》していた大徳寺の僧円鑑国師《えんかんこくし》（春屋宗園《しゅんおくそうえん》）のために、三人で浄財《じょうざい》を出し合って、大徳寺山内に三玄院《さんげんいん》を建立して贈っている。

三成は、この寺で文禄三年（一五九四）九月、病没した母の葬儀を行っている。

こうしたこともあってか、斬首された三成の遺体を引き取ったのは、この三玄院の僧円鑑国師である。

そしてまた三成は、同僚の石川光重《みつしげ》が妙心寺の山内に養徳院《ようとくいん》を建立して、亡父の菩提を弔うために一族の者たちが折々参会している光景をみて、氏寺をもたない三成は羨望《せんぼう》を感じたようである。文禄四年（一五九五）の頃から三成は同じ妙心寺山内に、父正継《まさつぐ》のために菩提所の建立を発願、四年の歳月をかけて一寺を建立した。まるで虫の知らせでもあったのか、竣工したのは関ヶ原の合戦の起こる前の年の慶長四年である。三成はこのとき、当時優れた禅僧と評判の高かった竜安寺第十二世の伯蒲恵稜《はくほえいりょう》禅師を開山に迎えている。妙心寺塔頭の寿聖院《じゅしょういん》である。

寿聖院に駆け込んだ三成の子

関ヶ原合戦の際、三成の父正継と長男正澄《まさずみ》（三成の兄）のふたりは、二千八百人の城兵たちとともに、三成の居城佐和山城の守備にあたっていた。

ところが、関ヶ原で勝利を納めた東軍は、翌十六日早くも佐和山城を包囲して、十七日早朝から総攻撃をはじめている。衆寡敵《しゅうかてき》せず、落城は目前であった。このとき、家康からの申し入れで、正継と正澄の自刃《じじん》を条件に、翌十八日に開城することが決まった。ところが、このことを知らぬ東軍の田中吉政隊と小早川秀秋隊が城内に突入して猛攻を加えたために、城兵たちはつぎつぎと討ち死に、正継、正澄はじめ一族の者たちは、天守に火を放ったあと、みな自害してしまっている。

ところが、たったひとり生き残った者がいた。三成の子重家《しげいえ》である。

合戦当日、十七歳であった重家は、毛利輝元・増田《ました》長盛・長束《なつか》正家などの嫡子《ちゃくし》とともに人質となって大坂城にいた。だが、父が合戦に敗れて敗走したことを知ると、重家は大坂城を脱出して、妙心寺山内の寿聖院に駆け込んでいた。

家康に許されて天寿を全う

重家を迎え入れた寿聖院の伯蒲恵稜和尚は、すぐさま重家を剃髪《ていはつ》して仏門に入れている。そ

宗享が建立した祖父正継以下石田一族の供養塔

して京都所司代《しょしだい》奥平信昌《おくだいらのぶまさ》に届け出るのと同時に、重家の助命を嘆願した。

報告を聞いた家康は、本多正信《まさのぶ》など重臣たちと協議、家康の寛大さをみせようと、重家の助命を許している。（だが、大坂夏の陣後、家康は豊臣秀頼の子国松の助命を許さず、斬首して豊臣家を根絶やしにしてしまっていた。）

仏門に入った重家は、伯蒲和尚のもとで精進を重ね、慶長九年（一六〇四）に〈宗享《そうきょう》〉の法名を授かり、元和九年（一六二三）四十歳のときには、〈済院《さいいん》宗享大禅師〉の道称を与えられ、寿聖院第三世の住職に就任している。

そして、寛文五年（一六六五）八十二歳のときに、寿聖院を弟子の海天《かいてん》祖用《そよう》に譲って隠居。貞享三年（一六八六）閏《うるう》三月八日に、百三歳で没していた。四十一歳で斬首された父三成の分まで、天寿を全《まっと》うした重家・宗享である。

宗享はいまも寿聖院の墓地で眠っている。そして、この宗享の墓に向かい合って、宗享が建立して供養を続けていたという、祖父正継以下石田一族の供養塔八基が、肩を寄せ合い苔《こけ》むして並んでいた。

鳥居元忠と百万遍知恩寺

関ヶ原合戦の際、伏見城の守備についた鳥居彦右衛門元忠以下千八百名の城兵たちは、四万の大軍に攻めたてられて全員討ち死に。凄惨《せいさん》な城兵たちの死《し》に様《ざま》は、いまも〈血天井〉となって京の寺に伝わっている。

ところが、肝心の鳥居家は、元忠の死を悼む徳川家康・秀忠によって四万石から二十二万石に加増されたのも束《つか》の間《ま》、三代将軍家光によって十九万石を没収されて改易《かいえき》、鳥居家は徳川三代〝葵〟の陰で泣いていた。

鳥居家墓所に眠る鳥居元忠の墓

片足が不自由だった鳥居元忠

慶長五年（一六〇〇）、徳川家康は五大老のひとり前田利長を屈服させると、その鋒先《ほこさき》を同じく五大老のひとりである会津の上杉景勝《かげかつ》に向けている。そして、謀反《むほん》を理由に、景勝を武力で倒すことを決めた家康は、討伐軍を編成して会津討伐に向かっている。あの関ヶ原の合戦の前奏曲である。

六月十六日、家康は大坂城を出立して、当時居城としていた伏見城に到着すると、鳥居元忠・内藤家長・松平家忠に伏見城の守備を命じて江戸へ向かった。

鳥居元忠は、家康の祖父松平清康《きよやす》や父広忠《ひろただ》に仕えていた鳥居忠吉の子。家康より三歳年上で、家康十歳のときから家康に近侍してきたという老臣である。

ただ、元亀《げんき》三年（一五七二）三方原《みかたがはら》の戦いの際に、鉄砲玉を太股《ふともも》に受け、それが原因で片足が不自由であった。（一説には天正三年・一五七五年の長篠《ながしの》の戦いのときであったともいわれている。）そうしたこともあって、家康は元忠を会津遠征に同行させず、伏見城守備の総大将に任じていた。

壮絶な伏見城の攻防戦

家康が会津討伐に出かけた留守を狙って石田三成が家康打倒の兵を挙げた。東軍家康方と西軍三成方と、天下を二分しての関ヶ原の合戦である。

百万遍知恩寺の本堂

七月十八日、西軍は伏見城の鳥居元忠に対して、城の明け渡しを要求した。ところが、家康から死守を命ぜられていた元忠は、その要求を一蹴した。そのため、西軍は翌十九日から伏見城に対して総攻撃を開始した。

鳥居元忠は城の本丸を守備、内藤家長は西の丸を、松平家忠は三の丸の守備につき、総勢千八百名で応戦した。ところが、これを攻める西軍は宇喜多秀家・小早川秀秋・島津義弘など、総勢四万余の大軍である。

だが、さすが豊臣秀吉が築いた名城である。二、三日で落城という大方の予想を裏切って、攻防戦は長期化した。そのため、業を煮やした石田三成は、二十九日軍を連れて伏見に駆けつけ、自ら陣頭に立って総攻撃を加えている。

この結果、鳥居元忠以下全員討ち死にして、伏見城が落城したのは八月一日である。西軍の雑賀《さいか》孫市に討たれた元忠の首は、大坂の京橋口に晒されていた。

知恩寺の塔頭龍見院

鳥居家も徳川三代の犠牲に

鳥居元忠の死によって、その子忠政が父の遺領下総《しもふさ》国矢作《やはぎ》四万石を継いでいる。家康は関ヶ原の戦いの後、元忠の壮絶な死を悼み、忠政に六万石を加増、その上さらに陸奥《むつ》国磐城《いわき》城主を経て出羽《でわ》国山形城主に移封するなど、加増につぐ加増で、忠政が寛永五年（一六二八）に没したときには二十二万石に達していた。

だが、忠政の後を、子の忠恒が継ぎ、その忠恒が寛永十三年（一六三六）に没したとき、三代将軍徳川家光は忠恒に弟忠春がいたにもかかわらず、後継ぎのないことを理由にして二十二万石を没収、改めて弟忠春に信濃国高遠《たかとお》三万石を与えていた。

家康の祖父の代から徳川家に仕え功労のあった鳥居家である。だが、徳川三代繁栄の陰で、処罰によって改易《かいえき》したり、後継ぎのないことを理由にするなど、幕府が諸大名から没収した知行は一千万石に達していた。そして、関ヶ原の戦いから三代将軍が没するまでのわずか五十年の間に、大名家の顔ぶれも大きく変わってしまっていた。

百万遍知恩寺に眠る元忠

鳥居元忠は、百万遍知恩寺内にある塔頭龍見院の墓地で眠っている。伏見城落城後、元忠の首は大坂の京橋口に晒されていたが、京の呉服商で鳥居家に出入りしていた佐野四郎右衛門が夜陰にまぎれて盗み出し、この寺に埋葬したもの。寺の名〈龍見院〉は、元忠の法名〈龍見院殿賀岳宗慶大禅定門〉に依る。いまも鳥居家の末裔《まつえい》の方々の墓参が続いている。

〈血天井〉が残された京の寺

伏見城で討たれた鳥居元忠以下城兵たちの血痕や手型・足型などの残る伏見城の殿舎の床板が、いまも京の寺の本堂・法堂などの前縁の天井となって残されていて、凄惨な城兵たちの死に様を生なましく伝えている。

東山・養源院
京都市東山区三十三間堂廻り町六五六

西賀茂・正伝寺
京都市北区西賀茂北鎮守庵町七二

鷹峰・源光庵
京都市北区鷹峰北鷹峰町

妙心寺・天球院
京都市右京区花園妙心寺四五

宇治・興聖寺
宇治市宇治山田二七―一

大原・宝泉院
京都市左京区大原勝林院一八七

八幡・神應寺
八幡市八幡西高坊二四

小早川秀秋と瑞雲院

豊臣秀吉の養子となり、わずか十歳で従四位下・参議となった秀秋。だが秀吉に翻弄《ほんろう》されて小早川《こばやかわ》家に養子に出され、北政所の命に従って関ヶ原の勝利に貢献したのも束の間、〈背反者〉の汚名に無残にも押し潰されていた。

秀秋の墓。岡山在城わずか二年、嗣子のないまま死去したため小早川家は断絶した

関ヶ原を決めた秀秋

慶長五年（一六〇〇）九月十五日、東軍七万四千の徳川家康軍と、西軍八万四千の石田三成軍が関ヶ原で激突した。天下分け目の決戦といわれた〈関ヶ原の戦い〉である。火蓋《ひぶた》を切ったのは午前八時。だが、二時間経っても両軍善戦して一進一退。戦場一帯には硝煙《しょうえん》が立ち籠めて昼日中だというのに薄暗かった。

本堂内の厨子に２人の従者を従えた秀秋の等身大の木像が祀られている。彩色された繊細で優美な木像である

午前十一時、〈このままではいかん〉と、焦った石田三成は、全軍に総攻撃を合図する狼煙《のろし》をあげた。この狼煙を合図に小早川秀秋《ひであき》隊一万五千は、一斉に東軍に襲いかかる手はずであった。

ところが、一方の家康は〈約束通り秀秋は裏切りをするのだろうか〉と、固唾《かたず》を呑《の》んで小早川隊の動きを見守っていた。

だが、当の秀秋は、西軍として戦うべきか、東軍に寝返るべきか、いまだ去就《きょしゅう》を決めかねていた。

いつまでも動かぬ秀秋をみて、三成は再三叱咤督促《しったとくそく》の使者を送った。一方の家康は業を煮やして決断した。「鉄砲を射《い》かけて脅《おど》してみよ」。この威嚇《いかく》射撃を浴びて、当時十九歳の秀秋は震え上がった。小早川秀秋隊一万五千の大軍が一斉に槍《やり》・刀を振りかざして西軍大谷吉継《おおたによしつぐ》隊に襲いかかったのは、そのすぐ後である。この小早川秀秋の寝返りによって、関ヶ原の合戦は東軍徳川家康の勝利に終った。

秀吉に翻弄されて

小早川秀秋は天正十年（一五八二）、豊臣秀吉の正室《せいしつ》であった北政所《きたのまんどころ》の兄、木下家定《いえさだ》の五男として生まれている。ところが、幼くして天下人秀吉の養子となったときから秀秋の運命は変転した。北政所は秀秋を豊臣家の後継ぎにしようと熱心に教育し溺愛《できあい》した。天正十九年（一五九一）には、わずか十歳の秀秋を従四位下・参議《さんぎ》の官位につけ、翌年従三位・権中納言《ごんちゅうなごん》に進めて、秀秋は〈金吾中納言《きんごちゅうなごん》〉と呼ばれていた。

ところが、文禄二年（一五九三）秀吉の側室淀殿《そくしつよどどの》が秀頼《ひでより》を生むと、用済みとばかりに秀秋は小早川隆景《たかかげ》の許に養嗣子《ようしし》に出されていた。そして慶長二年（一五九七）の慶長の役《えき》では、朝鮮再征軍の総大将となって十六万三千の大軍を率いて渡海、数々の戦功を挙げたが、突如軽挙《けいきょ》な振舞いありと、秀吉の怒りを買って帰国させられていた。秀吉に翻弄される秀秋である。

内通を命じた北政所

関ヶ原合戦の際、秀秋は当初石田三成の西軍に与《くみ》して伏見城の攻撃に加わっている。ところが、北政所から「内府殿（家康）に従え」（『野史《やし》』）と厳命されるや、すぐさま使者を家康の許に送って内通《ないつう》を約束、決戦の日の重大な局面で、秀秋は東軍に寝返り、家康に勝利をもたらしていた。歓喜した家康は戦後、この十九歳の秀秋に備前《びぜん》・美作《みまさか》五十一万石を与え、岡山城主に任じて、その功績を讃えていた。

だが、最大の功労者であったはずの秀秋は、このあと〈背反者〉〈裏切り者〉の烙印《らくいん》を捺されて、ノイローゼに陥っていた。

悶死した背反者秀秋

史料の多くは、秀秋は暗愚《あんぐ》で驕慢《きょうまん》な性格の持ち主であったと伝えている。幼くして官位を得、天下人の後継者に目されたのも束の間、小早川家に養子に出されて、秀秋の胸中には屈折《くっせつ》した挫折感《ざせつかん》が生まれていたことも確か。

岡山藩主となった秀秋は、城内を整備し、外濠を築くことなどもした。だが、その反面、放《ほう》鷹《よう》・殺生《さっしょう》を好んで領民を苦しめたために、家臣たちの信望を失っていた。諫言《かんげん》した老臣杉原紀伊守は討たれ、重臣稲葉通政《いなばみちまさ》は逐電《ちくでん》（逃亡）、平岡頼勝《ひらおかよりかつ》は致仕《ちし》（退職）、家中の者たちの退散が相次いでいた。

秀秋の菩提を弔うために日求上人が開創した日蓮宗瑞雲院。徳川家康が寺領百石を寄進したので百石寺とも呼んだ

北政所に命ぜられたとはいえ、〈背反者〉の烙印を捺されて、二十一歳の若い秀秋は良心の呵責《かしゃく》に耐え切れなかったようである。酒に溺れて狂態を演じるなど、次第に自暴自棄に陥り、慶長七年（一六〇二）十月十八日岡山で悶死したと伝えている。法名・瑞雲院殿秀巌日詮大居士。

備前岡山の本行院《ほんぎょういん》で荼毘《だび》に付された秀秋は、京都本圀寺《ほんこくじ》の日求上人《にちぐしょうにん》によって京に移され、本圀寺内に埋葬されて、その地に塔頭瑞雲院《たっちゅうずいうんいん》が開かれていた。

前田玄以と妙心寺蟠桃院

一介の寺の僧侶が、なにを思ってか織田信長・信忠《のぶただ》父子に仕え、本能寺の変の際に、信忠の遺児を危難から救っている。日頃目立つ存在ではなかった前田玄以。ところが、京都所司代として京中の政務を統括《とうかつ》しはじめたときから、優れた行政官としての才能を開花、いまも京中に〈徳善院《とくぜんいん》〉〈玄以〉と署名した文書《もんじょ》類が数多く残されていて、幅広い活動ぶりを伝えている。だが、死後前田家は改易《かいえき》されてしまい、墓所で寂しく眠っている。

前田玄以の眠る妙心寺塔頭蟠桃院

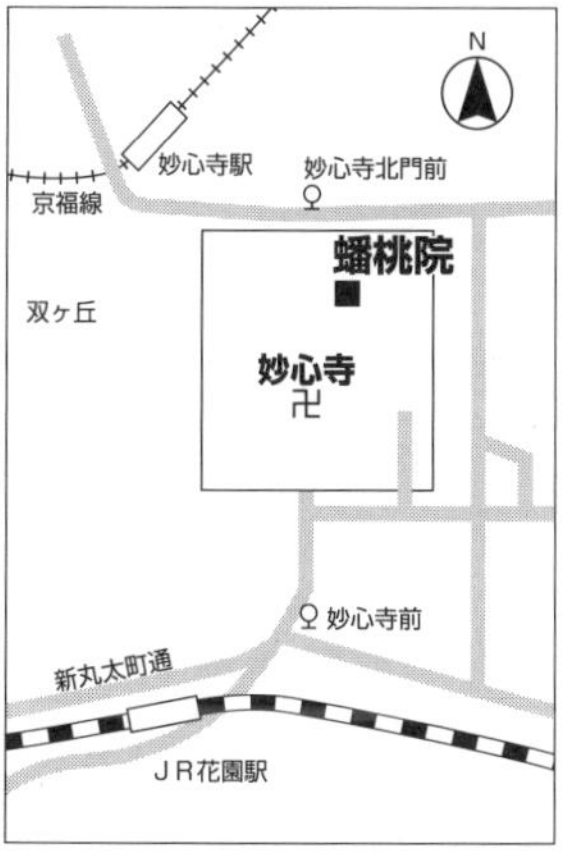

本能寺の変で三法師と脱出

天正十年（一五八二）六月二日、本能寺の変のときである。

一万三千の軍勢で織田信長の宿所本能寺（中京区六角油小路）を急襲して、信長を自刃《じじん》に追い込んだ明智光秀は、信長の長男信忠《のぶただ》の立てこもった二条御所（中京区押小路室町）にも猛攻撃を加えている。

この日、信忠は宿所の妙覚寺《みょうかくじ》（中京区二条衣棚）にいて急を聞いた。すぐさま手勢五百を率いて本能寺へ向かった。ところが、途中で出会った京都所司代村井貞勝《さだかつ》から、すでに本能寺は焼け落ちたと聞いて、信忠は村井貞勝たちとともに、防備の固い二条御所に立てこもっている。

だが、圧倒的多数の光秀軍に攻め立てられて二条御所も瞬《また》く間《ま》に破られて炎上した。力尽きた信忠は、もはやこれまでと家臣鎌田新介の介錯《かいしゃく》で自刃した。二十六歳である。

ところが、このときひとりの僧侶が、信忠の長男三法師《さんほうし》（のちの織田秀信）を抱えて二条御所から脱出した。この僧侶が前田玄以である。

村井貞勝の娘婿に白羽の矢

前田玄以は天文八年（一五三九）に美濃で生まれたといわれている。奇妙な経歴の持ち主で、はじめ比叡山に入って僧侶となり、尾張で寺の住職を務めていたが、いつの頃からか織田信長に仕えはじめて、天正三年（一五七五）には信忠付きの近習《きんじゅう》となっている。

その前田玄以が突如歴史の表舞台に飛び出してきたのが、本能寺の変である。信忠の遺命で三法師を救出、無事尾張清洲城《きよすじょう》に送り届けた前田玄以は、織田家最大の功労者であったはずである。

ところが、信長の遺領配分などを決めた清洲会議の結果、前田玄以は三法師の守り役を任じられたにすぎず、あまり目立つ存在ではなかったようである。

だが、翌天正十一年、〈京都奉行職〉に任じられたときから、玄以の隠れた才能が花開いていった。

信長の時代、京都所司代として京都奉行職を務めていたのは村井貞勝である。だが、信忠とともに二条御所で討ち死にしてしまったために、後任に桑原次右衛門・杉原家次・浅野長政などが任命された。だが、いずれも失政続きであったために、村井貞勝の娘婿《むすめむこ》であった前田玄以に白羽の矢がたったようである。玄以は貞勝の日常から、京都所司代としての行政手法を学びとっていたのかもしれない。

豊臣政権の中枢にいた玄以

前田玄以は天正十一年（一五八三）の年から慶長五年（一六〇〇）関ヶ原の合戦が起こる直前までの十七年間、京都の行政を司り、政務を統括《とうかつ》した。その間に玄以は、朝廷から〈徳善院《とくぜんいん》〉の称号を授かり、天下人となった豊臣秀吉も、この玄以の手腕を高く評価して、改めて〈京都所司代〉に任じたばかりか、所領として丹波亀山五万石を与えている。

そしてさらに、秀吉は晩年、前田玄以を石田三成・浅野長政・増田《ました》長盛・長束《なつか》正家らとともに、秀頼を補佐する五奉行のひとりに任じ、豊臣政権の中枢《ちゅうすう》に参画させている。

秀吉が没した慶長三年八月十八日の夜半、伏見城から阿弥陀《あみだ》ヶ峰《みね》に秀吉の遺体を秘かに送葬したのは前田玄以である。そしてまた、秀吉を神に祀るため豊国社造営の普請奉行《ふしんぶぎょう》を務めたのも、この玄以である。

だが、慶長五年の関ヶ原の合戦の際に、前田玄以は石田三成にくみして徳川家康弾劾《だんがい》の檄文《げきぶん》に署名するなどしたが、主戦派ではなかったために、戦後家康に赦《ゆる》され、所領は安堵《あんど》されたものの、永年務めた京都所司代の職は解任されている。

このあと、家康から新たに京都所司代に任ぜられたのが板倉勝重《いたくらかつしげ》である。勝重もまた、もとは香誉宗哲《こうよそうてつ》の名をもつ僧侶であった。

職を解かれた前田玄以は、それから二年経った慶長七年五月七日に没している。法名・徳善院前僧正天涼以公和尚、六十四歳である。

家康に取り潰された前田家

前田玄以が没したあと、その子茂勝が遺領を継いで、丹波八上城に城主となって移封されている。はじめ熱心なキリシタン信徒であったようである。

ところが慶長十三年（一六〇八）、茂勝は領国経営どころか、伏見の町で酒色に溺れはじめ、諫言《かんげん》する家老尾池清左衛門を斬り殺したり、重臣たちをつぎつぎと切腹させたりしたために、家康に所領を没収され、茂勝は堀尾忠晴に預けられて、前田家は取り潰されてしまっている。不肖《ふしょう》の子である。（三男正勝の家系だけが細々と生き残っている。）

こうした不行跡や後継ぎのないこと、家中の紛争などを理由に、徳川家の政略的な意図によって取り潰されてしまった大名家は、家康・秀忠・家光の三代の間だけでも五十七家に達していた。

手前から前田玄以、妻、娘の３人の墓

蟠桃院を支えた伊達政宗

前田玄以は、洛西・花園にある妙心寺の塔頭蟠桃院《はんとういん》で眠っている。蟠桃院は、玄以が没する一年前の慶長六年（一六〇一）、自らの菩提所にと、妙心寺の第七十九世住持一宙東黙《いっちゅうとうもく》和尚を開基に招いて創建した寺である。

ところが、その七年後に早くも前田家は廃絶してしまったが、二世住持を務めていた雲居希膺《うんごけよう》和尚が傑出した禅僧であったようで、〈東北の雄〉といわれたあの伊達政宗《だてまさむね》が深く帰依、仙台松島に伊達家の菩提所瑞巌寺《ずいがんじ》を創建すると、政宗は雲居和尚を開山に迎えている。このときから伊達家が前田家に替わって蟠桃院の大檀越《だいだんおつ》となり、蟠桃院を支えていた。

古田織部と興聖寺

大坂城総攻撃のため二条城出陣を決めた徳川家康のもとに、大坂城内にいる隠密《おんみつ》から家康・秀忠暗殺という不穏《ふおん》な情報が舞い込んできて、家康は出陣を取り止めている。

そして一斉捜索の結果、首謀者は茶道界の第一人者古田織部《ふるたおりべ》の家臣木村宗《きむらむね》喜《よし》とわかって、家康は大坂夏の陣後、古田織部にも切腹の命を下している。

家臣暴走の責を負って抹殺された古田織部。だが、織部の築き上げた茶道は、脈々と今日に伝わっていた。

興聖寺にある古田織部と一族の墓

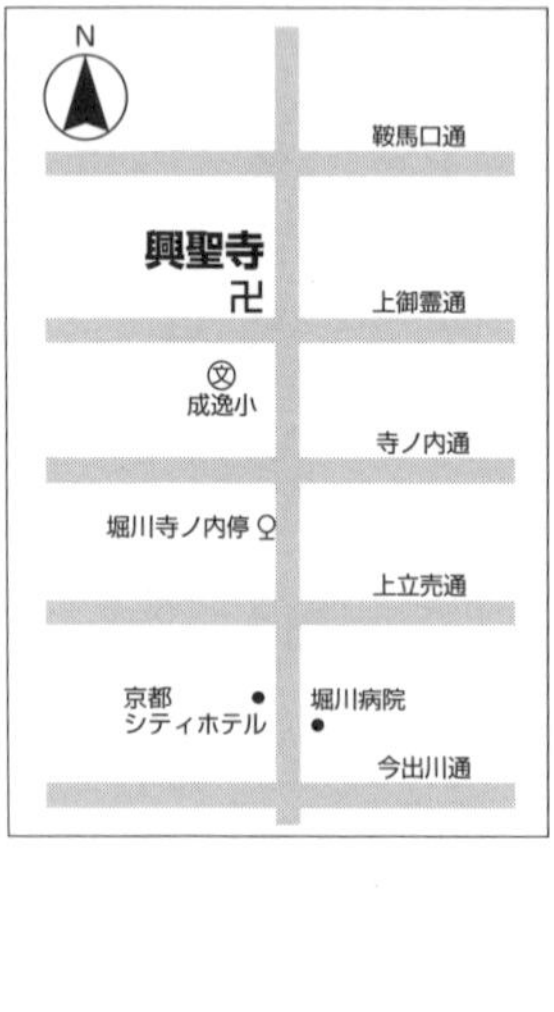

堀川通上御霊上ルにある臨済宗興聖寺

大坂への出陣を中止した家康

慶長二十年（一六一五）四月四日、大御所徳川家康は駿府城を出発すると、六日東海地方の諸大名に、七日には西国地方の諸大名に対して、つぎつぎと大坂城総攻撃のための出陣命令を下しながら、途中名古屋城に立ち寄って、十八日京都二条城に到着した。

将軍徳川秀忠も、四月十日に大軍を率いて江戸城を出発、二十一日伏見城に到着した。大坂夏の陣である。

家康は二条城で、秀忠をはじめ重臣たちを集めて軍議を開くと、家康自ら大坂城総攻撃の指揮をとるため、二十八日に二条城より出陣することを決定した。

ところが、その前日の二十七日になって、突然家康の二十八日出陣は延期された。不穏な情報が飛びこんできたのである。

その情報とは、家康が二条城を出陣した留守を狙って、京中に分散して潜んでいる大坂方の者五百余名が京中に一斉放火して蜂起、二条城を占拠、それを合図に大坂城より大軍が出撃して来て、家康・秀忠を挟み撃ちにし血祭りにあげようという、ただならぬ情報である。大坂城中に潜入していた徳川方のスパイ御宿《みしゅく》越前《えちぜん》からの確かな情報である。

首謀者は織部の家臣木村宗喜

家康は即座に二十八日の出陣を取り止めると、京都所司代板倉勝重に命じて、京中の一斉捜索をはじめている。この結果、京中に潜んでいた大坂方の者たちはつぎつぎと逮捕されて、厳しい拷問《ごうもん》によって、首謀者木村宗喜も捕まっていた。一網打尽《いちもうだじん》である。逮捕された者たちは拷問、磔《はりつけ》、市中引き回しの上、火焙《ひあぶ》り、斬首と、すべてが処刑されている。

こうして後顧《こうこ》の憂《うれ》いを断った家康は、五月五日二条城より出陣して大坂へ向かった。大坂城に立て籠っている豊臣方は総勢五万余。それを攻める徳川方は十五万五千の大軍である。決戦の火蓋が切られたのは五月七日の正午頃。当初の形勢は豊臣方が優っていた。だが、つぎつぎと繰り出して来る徳川方の新手の兵力に圧倒されて、豊臣方は苦戦を強いられ、午後三時頃には敗退した。天守閣に火が入ったのは午後四時頃である。

その夜、家康は茶臼山《ちゃうすやま》の本陣にいて、紅蓮《ぐれん》の炎をあげて炎上している天守閣を、満面微笑《えみ》を浮かべて見守っていたといわれている。

こうして自ら戦勝を見届けた家康は、翌五月八日の夕刻、二条城に帰還した。

ところが、先に逮捕した木村宗喜が古田織部の家臣とわかって、家康は六月十一日、古田織部とその子重広に切腹の命を下していた。

茶聖と呼ばれた古田織部

古田織部は千利休の七哲（七人の高弟）のひとりに数えられ、利休亡き後、利休を超える茶聖と評された天才的な美意識をもった茶人であり、武将であった。

天文十三年（一五四四）美濃で生まれた織部は当初織田信長に仕えていたが、本能寺の変で信長が倒れると秀吉に仕え、小牧《こまき》・長久手《ながくて》の戦いに参戦するなどして、その武功によって天正十三年に西岡（現・長岡京）三万五千石を領している。

ところが、慶長三年秀吉が没すると、織部は武人を捨ててか、西岡の地を嫡男《ちゃくなん》重広に譲り、伏見の屋敷で茶事に専念、慶長十三年には大坂城で織田有楽斎《うらくさい》とともに秀頼に献茶、慶長十五年には江戸城で二代将軍秀忠に台子《だいす》を伝授するなど、利休亡き後、〈天下一の宗匠〉として揺《ゆ》るぎない地位を築いていた。

織部は秀吉の時代、秀吉の茶頭《ちゃがしら》をも務めていた。だが、関ヶ原の合戦の際には常陸《ひたち》の佐竹義宣《さたけよしのぶ》を東軍に帰属させるべく工作を行った功績によって、家康より近江七千石を拝領したばかりか、秀忠の茶頭を務め、大坂冬の陣では徳川方に加担、このとき傷を負った織部は家康から見舞いの薬が届くなど、徳川家の覚《おぼ》えもよかったはずである。だが、秀吉が千利休を死に追いやったのと同じように、家康もまた茶聖織部の存在が疎《うと》ましかったようである。

古田織部の切腹とその後

慶長二十年（一六一五）六月十一日の午《うま》の刻《こく》（正午）、古田織部とその子重広のふたりは伏見の屋敷で切腹した。検使を務めたのは鳥居成次、内藤右衛門佐のふたりである。

事件は家臣木村宗喜の暴走で、織部の関知しないところであったが、「かくなるうえは、申し開きも見苦し」の言葉を残して、織部は潔《いさぎよ》く切腹したと古記録は伝えている。行年七十二歳。

そして、三日後の十四日には家財のすべてが没収され、織部が所持していた著名な「勢高肩《せいたかかた》衝茶入《つきちゃいれ》」など茶道具類は徳川家が取り上げてしまっていた。

織部の墓は、大徳寺の塔頭《たっちゅう》三玄院《さんげんいん》と堀川通上御霊《かみごりょう》上ルの興聖寺《こうしょうじ》にある。三玄院は織部が帰依していたこの寺の春屋宗園《しゅんおくそうえん》から、生前〈金甫宗屋〉の法名を授かっていたからで、関ヶ原の合戦で敗れたあの石田三成の墓の隣で眠っている。

一方の興聖寺（臨済宗）は、古田織部が慶長八年（一六〇三）に虚応《こおう》和尚を招いて、自らの菩提所として創建した寺で、寺内の墓地に、織部をはじめ、織部とともに切腹した重広など一族の者たちが眠っている。この寺では毎年六月十一日に〈織部忌〉が営まれ、法要のあと、織部の茶道を継ぐ人たちによって盛大に献茶・茶会などが催されている。（両寺院とも、通常は拝観謝絶）

・千利休の七哲

古田織部・細川忠興・蒲生氏郷・瀬田正忠（掃部）・芝山監物・高山右近重友・牧村兵部政吉

加藤清正と本圀寺

豊臣秀吉に育てられて元服《げんぷく》、賤ケ岳《しずがたけ》の戦いで獅子奮迅《ししふんじん》して武名を馳《は》せた〈虎之助〉こと加藤清正。

典型的な秀吉子飼いの戦国武将とあって徳川幕府ににらまれ、後を継いだ加藤忠広《ただひろ》は三代将軍徳川家光の犠牲となって改易され、大名家加藤家は廃絶する。

だが、日蓮宗の熱心な信徒であった清正は多くの人たちに慕われ、いまもゆかりの寺では、清正の祥月命日に〈清正公大祭〉を営み、清正を偲んでいる。

本圀寺入り口の山門〈開運門〉

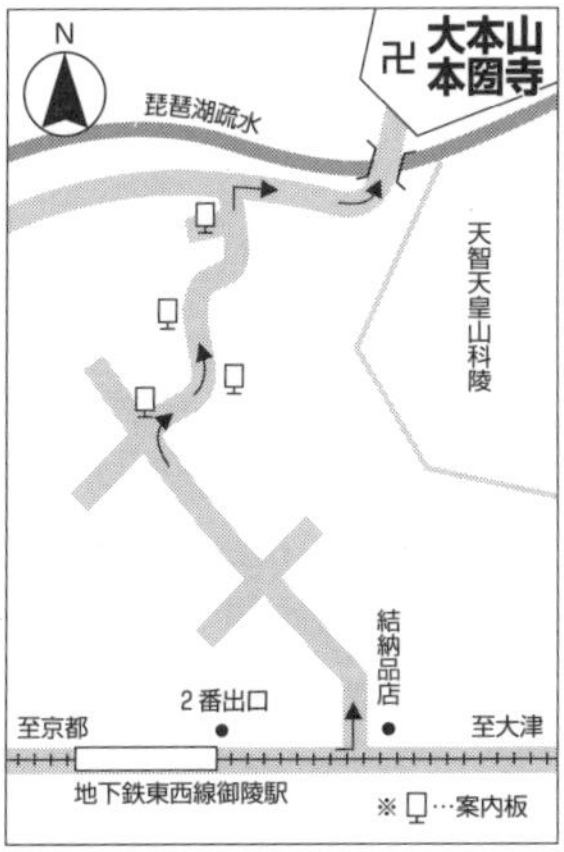

賤ヶ岳七本槍の勇将

秀吉子飼いの武将福島正則と同じように、加藤清正も天正二年（一五七四）に、羽柴秀吉が近江長浜城の城主になったことを聞きつけて、長浜に駆けつけて来たひとり。まだ〈虎之助〉と呼ばれていた十二歳のときである。加藤の家も福島家と同じように、豊臣家とは姻戚《いんせき》関係で結ばれていた。

清正も秀吉のもとで元服すると、秀吉軍団の一員となって因幡《いなば》の鳥取城や備中《びっちゅう》の冠山城の城攻めに出陣をして、目覚ましい戦功を挙げている。そして、天正十一年（一五八三）の賤ヶ岳《しずがたけ》の戦いでは、福島正則たちとともに奮戦、〈賤ヶ岳七本槍〉のひとりに挙げられていた。正則より一歳若い二十二歳のときである。

こうして慶長三年（一五九八）、秀吉が没したときには、加藤清正は肥後熊本城主二十五万石の大大名となって九州にいた。

石田三成に恨み骨髄

秀吉が没した翌年、慶長四年閏《うるう》三月、加藤清正は福島正則・黒田長政・加藤嘉明《よしあきら》・浅野幸長《よしなが》・池田輝政・細川忠興《ただおき》ら六人の武将たちとともに、石田三成を討つため、大坂にある石田邸を襲撃《しゅうげき》した。いずれも三成に煮え湯を飲まされた者たちばかりで恨《うら》み骨髄《こつずい》、とりわけ清正は、三成のあらぬ讒言《ざんげん》によって秀吉から蟄居《ちっきょ》・謹慎《きんしん》の処分を受けるなど、どうしても三成が許せなかった。

ところが、襲撃を察知した三成はいち早く伏見にのがれ、徳川家康の屋敷に逃げ込んでいる。このとき家康は、騒擾《そうじょう》を理由にして三成を佐和山城に送り届け、蟄居させてしまっていた。

その三成が、翌慶長五年挙兵して関ヶ原の合戦が起こると、このときの武将たちはみな東軍家康方に加担、三成と戦っている。

領国九州にいた清正も、三成に味方した小西行長の居城宇土《うど》城をはじめ、柳川《やながわ》の立花宗茂を攻めるなどして、九州における東軍の中心となって戦っていた。

戦後家康は、この加藤清正を懐柔するため、福島正則と同じように、秀吉の知行に倍増する肥後一国五十二万石を与えて、改めて熊本城主に任じていた。清正三十九歳のときである。

日蓮宗の熱心な信者

加藤清正は、母が熱心な日蓮宗の信者であったためか、その感化を受けて、二十歳をすぎた頃から日蓮宗に帰依、天正十三年（一五八五）二十四歳のときには、三歳で死別した父のために、大坂に日蓮宗の寺本妙寺《ほんみょうじ》を建立している。そして慶長五年（一六〇〇）母が熊本城内で没すると、この大坂の寺を熊本城下三の丸（法華坂）に移築して、両父母の菩提所としている。

この間に清正は、京の六条にあった日蓮宗六条門流の総本山本圀寺《ほんこくじ》に番神堂・経蔵を再建して寄進、廃絶していた塔頭勧持院《かんじいん》をも檀越《だんおつ》となって再建し、庭園の築造までも行っていた。熱心な日蓮宗の信者である。

そしてまた、清正の娘瑤林院《ようりんいん》（徳川頼宣室）も、のちに父清正が没すると、この本圀寺境内に父母追福のため〈清正堂〉を建立している。

将軍家光の犠牲となった忠広

関ヶ原の戦いのあと、三成を襲ったさきの七将たちは、いずれも大大名となって徳川幕藩体制の中に組み込まれてしまい、清正も慶長十五年の名古屋城築城の手伝い普請に積極的に協力したり、翌十六年三月の豊臣秀頼と徳川家康の二条城対面にあたっては、淀殿を説得してその実現にこぎつけるなど、懸命に働いている。

ところが、清正は二条城での対面を終えて熊本に帰着するとすぐに発病、その年六月二十四日に病没してしまったのである。享年五十歳。葬儀は十月十三日、新たに修造された熊本の本妙寺で、京の本圀寺から日桓上人を招いて盛大に営まれている。法名・浄池院殿永運日乗大居士。

清正が没したあと、長男忠広《ただひろ》が十一歳で家督を継いでいる。幼少のため家老五人による合議制がとられていたが、それが仇《あだ》となって元和四年（一六一八）に御家騒動が発生した。幸いこのときは、藩主幼少とあって御家取り潰しを免れていたが、寛永九年（一六三二）六月、突如幕府は肥後五十二万石を没収して、忠広を出羽庄内藩酒井忠勝のもとに配流した。改易の理由は不明で、忠広が側室の子を幕府に無断で熊本に移したとか、当時もさまざまに取り沙汰されたが、この年正月、二代将軍秀忠が没して三代将軍家光の治世となり、その威光を天下に誇示

加藤清正の廟所（本圀寺）

するために、豊臣恩顧の大大名加藤家を血祭りに挙げたというのが真相のようである。

清正を偲んで〈清正公大祭〉

京の本圀寺は大光山と号し、秀吉の時代、日蓮宗六条門流の大本山であった名刹。かつては西本願寺の北に位置し、北は松原通から南は花屋町通へ。東は堀川通から西は黒門通にいたる広大な寺地を有し、本堂以下、祖師堂・釈迦堂・鬼子母神堂・三十番神堂など日蓮宗独特の建物がならび、三十五ヵ寺を超える塔頭寺院を擁した大寺であったが、昭和四十六年（一九七一）、この創建以来の由緒ある寺地を離れて、山科区御陵《みささぎ》大岩の地に移転している。

いまも清正の祥月命日にあたる六月二十四日には、多くの門信徒が集まり、盛大に〈清正公大祭〉を営み、清正を偲んでいる。

清韓文英と方広寺大仏殿

方広寺大仏殿の跡地にある方広寺の境内に鐘楼があって、巨大な梵鐘《ぼんしょう》が釣り下がっている。

徳川家康は、この梵鐘に刻まれた「君臣豊楽」「国家安康」の銘文は家康に対する反逆と決めつけて豊臣家を挑発、無理難題の末に、滅亡へと追い込んでいた。

このとき、〈洛陽無双の智者〉といわれたひとりの禅僧が、家康に翻弄《ほんろう》された挙句の果てに、その消息を絶っていた。この梵鐘の銘文の作者清韓文英《せいかんぶんえい》である。

現在の方広寺

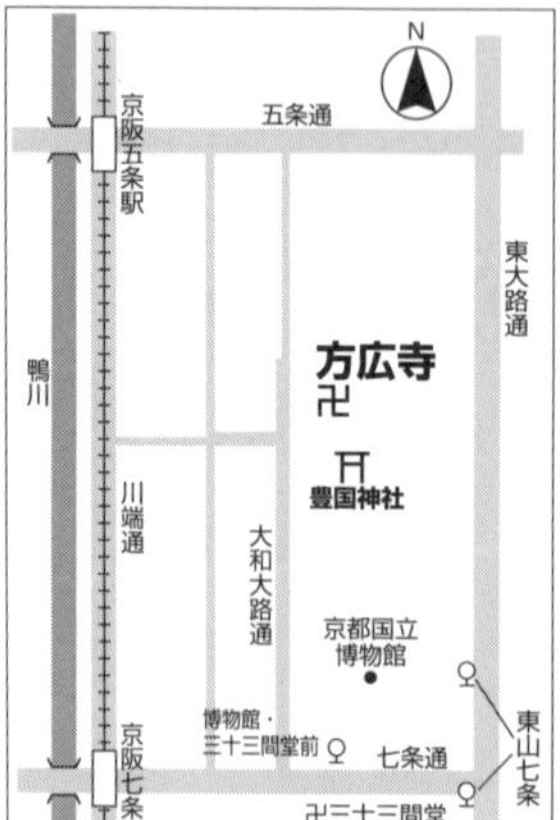

再建された方広寺大仏殿

方広寺大仏殿の再建工事が終わって、新たに鋳造《ちゅうぞう》された大仏の開眼供養《かいげんくよう》の日が八月三日、大仏殿落慶祝いの日が八月十八日と、祝いの日がほぼ決まった慶長十九年（一六一四）七月のこと。

豊臣秀吉を祀った豊国社や秀吉の遺児棄丸（鶴松）の菩提寺祥雲寺《ぼだいじしょううんじ》（現・智積院）や、方広寺大仏殿などが点在する東山・阿弥陀ヶ峰の西麓一帯は、再建された方広寺大仏殿をひと目見ようと、早くも京・大坂をはじめ関西一円から繰り出してきた物見高い人波で埋まっていた。

とりわけ落慶祝いの行われる八月十八日は秀吉の祥月命日《しょうつきめいにち》とあって、豊国社でも秀吉の十七回忌に因んだ臨時祭をと、祭りの準備をすすめていた。

一方の方広寺大仏殿でも、落慶の日の餅撒き用にと早くも六百石の餅がつかれ、三千樽の酒も運び込まれて、祭りの気運はいやが上にも高まっていた。

開眼供養が行われる八月三日から豊国社の臨時祭が行われる八月十八日まで、ここ阿弥陀ヶ峰の西麓一帯は、慶長九年の豊国社の臨時祭をはるかにうわまわる、空前のにぎわいをみせることは確かであった。

ところが、七月二十九日、駿府から届いた徳川家康の無理難題を伝える一通の書状によって、開眼供養ばかりか臨時祭までも中止されてしまったのである。

梵鐘の銘文を曲解した家康

この年、家康は七十三歳。老体の家康に反して秀頼は二十二歳。豊臣家の御曹司《おんぞうし》として年ごとにたくましさを加えていた。そのため、大仏開眼の日、京を中心にして湧き起こるに違いない秀吉追慕・太閤賛美の大合唱は、青年秀頼を擁した豊臣家一門をはじめ、西国大名衆に勇気を与え、大きな影響を及ぼすことは間違いなかった。

そのため家康は、なんとしてでも大仏開眼を阻止して、この機を捉えて秀頼を討ち、豊臣家を滅亡に追い込みたい。その口実に選んだのが方広寺大仏殿の梵鐘の銘文である。

梵鐘にはさまざまの願いや祈りを込めた銘文が刻まれている。その銘文に記されていた「右《う》僕射《ぼくしゃ》 源《みなもとの》 朝臣《あそん》」の字句を、〈右大臣〉を唐名で〈右僕射〉と記したにもかかわらず、〈源朝臣（家康）を射る〉と解釈し、「君臣豊楽《くんしんほうらく》 子孫殷昌《しそんいんしょう》」を〈豊臣を君として子孫の殷昌を楽しむ〉と読み、「国家安康」の字句にいたっては、家康の名を引き裂いて家康を呪《のろ》ったものだと曲解して、まるで子供だましのような言いがかりをつけたのである。

家康に追従《ついしょう》した五山の僧たち

この銘文の作者は清韓文英《せいかんぶんえい》である。韓長老《かんちょうろう》とも呼ばれ、東福寺、南禅寺の住持を歴任、『慶長年録』に「洛陽無双の智者」と評価された博学能文の禅僧である。

この銘文にいいがかりをつけ、家康にかわって詭弁《きべん》を振るったのは、家康の側近で黒幕とま

鐘楼に釣り下がる問題の梵鐘

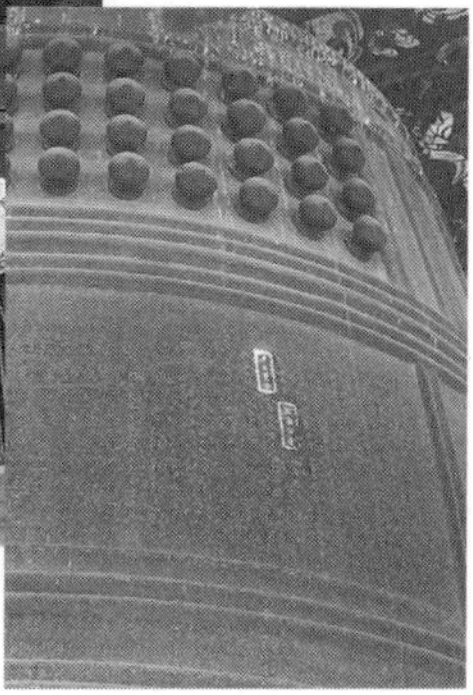

「君臣豊楽」「国家安康」と刻まれた個所

で呼ばれた南禅寺金地院の住持以心崇伝《いしんすうでん》と儒学者林羅山《らざん》のふたりである。

そればかりか、このとき家康は、京・五山の僧侶たちにこの銘文を見せて、意見書を書き出させている。

権力者にこびへつらう僧たちである。〈清韓文英は大《だい》伽藍《がらん》の鐘銘を書くような人物ではない〉〈国家安康と大御所の名を分断したのはよろしくない〉〈長文すぎる〉と、僧たちは口を揃えて清韓文英を攻撃した。

関ヶ原の合戦後、虎視眈々《こしたんたん》と豊臣家滅亡の機会を狙っていた家康にとって、こじつけとはいえ、またとない開戦への口実となった。大仏鐘銘事件である。この家康の無理難題が発端となって豊臣家は滅亡へと追い詰められてしまうのである。

抹殺された清韓文英

悲惨だったのはこの銘文の作者で、「洛陽無双の智者」と呼ばれた清韓文英である。この事件のために清韓文英の詳細な来歴は抹殺されてしまい、事件当時の記録類によって、わずかに窺い知るのみである。

それによると、清韓文英は秀吉に重用された禅僧で、東福寺・南禅寺を経て、慶長九年五月十六日には紫衣《しい》の着用を勅許された高僧であった。だが、あまりにも博学能文の僧であったために、五山十刹《ござんじゅっさつ》の僧の中には清韓文英をねたむ者も多かったようである。

鐘銘事件が起こると、清韓文英はすぐさま鐘銘についての弁明書を提出した。だが、豊臣潰《つぶ》しを狙う家康は、この弁明書には目もくれなかった。

そればかりか、八月十五日には京都所司代によって居宅が取り潰されてしまい、やむなく清韓文英は無量寿寺《むりょうじゅじ》に身を寄せている。このとき、いずれ遠島の刑に処せられるのではないかと覚悟を決めたようで、伊勢の知人宛に手紙を書き送っている。

ところが、その後はなにごともなく経過していたが、翌元和元年五月大坂夏の陣が済んで、そのほとぼりが冷めた十月十四日になって、突如清韓文英は板倉勝重に逮捕されて、家財（箪《たん》笥《す》十四、長持ち三）のすべてを没収されている。

そして翌元和二年三月二十日には、身柄を駿府に移され、彦坂光正の牢舎《ろうしゃ》に収容されている。彦坂光正は、当時拷問《ごうもん》の刑を編み出すなど、過酷な獄吏で知られていた。清韓文英の足取りはここでぷっつりと途絶えてしまうのである。

この清韓文英の銘文を刻んだ方広寺大仏殿の問題の梵鐘は、明治維新後、一時大仏殿の跡地に放置されたままであったが、明治十七年（一八八四）に鐘楼が現在の地に再建されて、豊臣家滅亡の悲話を今日に伝えている。（創建時、鐘楼は京都国立博物館の西門附近にあった）

片桐且元と大徳寺玉林院

豊臣秀吉から〈助作《すけさく》〉と呼ばれて育てられた秀吉子飼いの武将片桐且元。賤ヶ岳の戦いで柴田勝家を破り、〈賤ヶ岳の七本槍〉と勇名を馳せた七将のひとり片桐且元。

だが、方広寺大仏殿の鐘銘事件が起こると、徳川家康の老獪《ろうかい》な策謀に翻弄《ほんろう》されて、ひとりきりきり舞いを演じ、挙句の果てには豊臣家からも逆臣呼ばわりされて〈狂気悶乱《もんらん》〉、波乱の生涯を閉じている。

大徳寺の塔頭玉林院

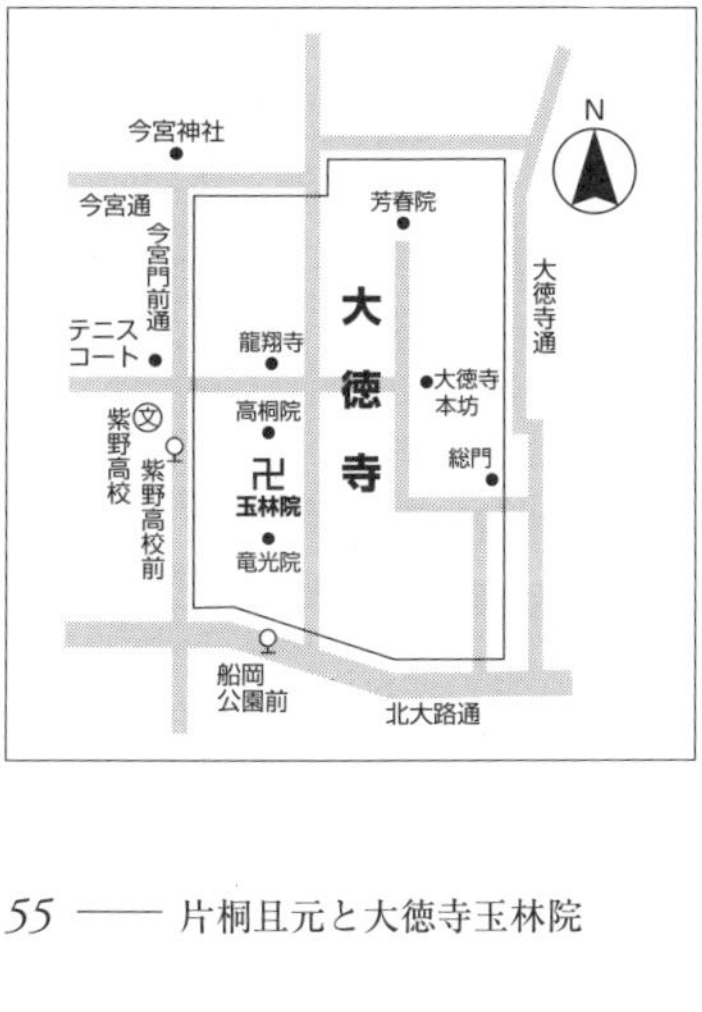

家康に翻弄された且元

豊臣家滅亡の引き金となった方広寺大仏殿の梵鐘の銘文をめぐって、鐘銘事件が起こったのは慶長十九年（一六一四）の七月である。

このとき、豊臣家の番頭で、家老的な立場にいた片桐且元は、「国家安康」の銘文は大御所徳川家康を呪《のろ》ったものではないと、家康に直接会って弁明するため、駿府（静岡）へ向かった。

ところが、家康は罠《わな》を仕掛けて、且元が駿府の町に入ることを許さなかった。やむなく且元は駿府の郊外にある誓願寺《せいがんじ》に滞在して、家康と対面できる日を待ち続けていた。

この間、且元は、家康の腹臣本多正純《まさずみ》と金地院崇伝《こんちいんすうでん》のふたりから脅《おど》されて、この問題を解決するには、秀頼が大坂城を明け渡して国替えするか、秀頼と淀殿のどちらかが人質となって江戸に行くしかないと、且元は感じ取った。

ところが、このとき、且元と相前後して淀殿が駿府に派遣した大蔵卿局《おおくらきょうのつぼね》は、家康に対面できたばかりか、鐘銘事件について心配することはなにもないと、家康から色よい返事をもらっていた。豊臣家の内部撹乱《かくらん》を狙った家康の巧妙な罠である。

断腸の思いで大坂城退去

二十日間駿府にいて、家康に対面できなかった且元は帰路についた。途中、近江の土山宿《つちやましゅく》で大蔵卿局に会った且元は、自分が感じ取ったことを、家康の意向だと偽《いつわ》って大蔵卿局に報告した（『片桐家秘記』）。大蔵卿局は愕然《がくぜん》として、且元は家康の手先、回し者ではないかと疑った。

且元が大坂城に帰着したとき、城内の様子は一変していた。淀殿はじめ大野治長《はるなが》らの反家康の強硬派は、且元を徳川方に内通した逆臣だと決めつけて、且元の弁明にも耳を貸さなかった。そのため且元は、大坂城二の丸にある私邸内に籠ったままでいた。ところが、激昂した者たちが且元の命を狙って私邸を包囲するなどしたために、城内での乱闘を避けて、且元は大坂城から追放された。

やむなく且元は十月一日、弟の貞隆とともに、家族や家臣を連れて大坂城を出ると、摂津茨木城に移っていった。このとき殿《しんがり》にいた弟の貞隆は、大坂城を振り返り振り返り、三度も伏し拝みながら立ち去っている。追放されたとはいえ、且元兄弟にとって豊臣家を去ることは断腸の思いであったに違いない。

賤ヶ岳七本槍の勇将

片桐且元は、秀吉が近江長浜城の城主となった天正二年（一五七四）の頃から、秀吉に仕えはじめたといわれている。当時、秀吉の周辺には加藤虎之助（清正）や福島市松（正則）、加藤孫六（嘉明）といった二十歳《はたち》前の若者たちがいて、秀吉の下で育っていた。当時〈助作《すけさく》〉と呼ばれていた且元も、この若者たちに仲間入りする。

そして、天正十一年（一五八三）、秀吉が柴田勝家と激突した〈賤ヶ岳の戦い〉で、〈賤ヶ岳の七本槍〉と大手柄を立てた七人の者たちはみな、この秀吉子飼いの若者たちで、〈助作〉こ

左から片桐且元、長男孝利、次男為元、為元の長男の墓

と且元もそのひとりに含まれていた。

だが、のちに秀吉は、加藤清正を肥後二十五万石に、福島正則を尾張清須二十万石、加藤嘉明を伊予松山十万石に取り立てるが、片桐且元には摂津茨木一万石を与えただけ。〈秀吉子飼いの武将〉ではあったが、秀吉は且元を、それほど有用な人物とみていなかったようである。

狂気悶乱した且元の死

一説によると、且元は大坂城を退去したその日、豊臣家と訣別、絶縁したといわれている。その証拠に冬の陣が起こると、且元は徳川方に参じ、攻撃を有利にするため大坂城の詳細な絵図面を徳川方に提出していたからである。

だが、冬の陣で講和が成立すると、且元は「めでたく和睦がととのい、自分の役目は済んだので、領国に帰り籠居したい」と、家康に願い出て慰留されている。訣別どころか、且元は講和によって豊臣家が存続していくことを、心底願っていたようである。

ところが、夏の陣で大坂城が落城した五月八日、且元は井伊直孝・安藤重信らの鉄砲隊を案内して、秀頼・淀殿が潜んでいる山里曲輪《やまざとくるわ》に駆けつけていく。

だが、救出されるどころか、且元を目の前にして、秀頼・淀殿をはじめ顔見知りの者たちがつぎつぎと討たれ、蔵に火が放たれていく。

且元が没したのは、それから二十日経った五月二十八日である。秀頼・淀殿の最期を見届けることになった且元は、鉄砲隊の銃声を聞いて、家康の罠にはまった自分に気づいたのかもしれない。「狂気悶乱」して死んだと、古記録は伝えている。

且元が再興した玉林院

慶長二十年五月二十八日、且元は京都で没し、六月四日大徳寺で葬儀が営まれ、塔頭玉林院に埋葬されている。顕孝院殿三英宗玄大禅定門。行年六十歳。

玉林院は慶長八年（一六〇三）、かつて秀吉の侍医であり、家康・秀忠にも仕えていた曲直瀬《まなせ》正琳が、大徳寺の百四十二世月岑宗印《げっしんそういん》和尚を請じて建立した寺。創建間もなく焼失したため、慶長十四年（一六〇九）に且元の支援で再興されている。重要文化財となっている客殿の襖絵《ふすまえ》七十面は、狩野探幽《かのうたんゆう》とその一門が描いた傑作。

且元は、この玉林院内の墓地で、長男孝利《たかとし》、次男為元《ためもと》らとともに眠っている。

・賤ヶ岳の七本槍
福島市松（正則）、加藤虎之助（清正）、加藤孫六（嘉明）、片桐助作（且元）、脇坂甚内（安治）、平野権平（長泰）、糟屋助右衛門（武則）

堀尾吉晴と妙心寺春光院

早くから豊臣秀吉に仕え、〈中老《ちゅうろう》〉となって豊臣政権の中枢にいた堀尾吉晴。

だが、残念なことに後継ぎが若死にするため、堀尾家はわずか三代で断絶する。

花園妙心寺山内にある塔頭春光院には、堀尾家三代の木像が安置されていて、堀尾一族の歴史をはじめ、他家に嫁《とつ》いでいた息女の願いと、嫁ぎ先のこころ温まる秘話を、いまも生なましく伝えていた。

息女の悲願で建立された霊屋

方丈に祀られている堀尾吉晴夫妻の木像

豊臣政権の中枢にいた吉晴

織田信長に仕え、永禄二年（一五五九）の岩倉城攻略戦に十六歳で初陣、敵の兜首《かぶとくび》（大将格の首）を討ち取る大金星をあげた堀尾吉晴。この吉晴の豪勇ぶりは、祖父泰政《やすまさ》、父泰晴と続いた堀尾家代々の血筋であったようである。

このあと豊臣秀吉の指揮下に配属されて、秀吉とともに各地を転戦。秀吉が長浜城主となった天正二年（一五七四）、吉晴の知行は百五十石であったが、秀吉が天下人となった天正十三年（一五八五）には、近江佐和山《おうみさわやま》四万石の城主となり、天正十八年の小田原討伐後は、遠江浜松《とおとうみはままつ》城十二万石の大名に抜擢《ばってき》されている。

秀吉の信頼厚く、秀吉は晩年、五大老（徳川家康・毛利輝元・上杉景勝・宇喜多秀家・前田利家）と五奉行（前田玄以・石田三成・浅野長政・増田長盛・長束正家）による豊臣政権体制を築くと、この堀尾吉晴と中村一氏《かずうじ》・生駒親《いこまちか》正《まさ》の三人を〈中老《ちゅうろう》〉に据えて、大老と奉行間の調停役に当たらせていたといわれている。

遠江浜松から島根松江に移封

この堀尾吉晴に泣きどころがあった。子供たちが若死にしてしまうことである。

天正十八年の小田原討伐のさなかに、吉晴は十八歳になる長男金助を失っている。このとき吉晴は悲嘆のあまり、洛西の妙心寺山内に金助の菩提《ぼだい》を弔うために一寺を建立、金助の法名・俊巌院殿逸巌世俊大禅定門に因んで、寺の名を〈俊巌院《しゅんがんいん》〉と名づけていた。今日の〈春光院〉である。

後を継ぐことになったのは次男の忠氏《ただうじ》である。当時まだ十三歳であったが、二十三歳になった慶長五年、関ヶ原の合戦に東軍家康方に加わり従軍、その戦功によって忠氏は父吉晴とともに浜松十二万石から二十四万石に加増されて、松江藩主となって島根の広瀬富田《とだ》城に移されていた。

三代で無嗣断絶した堀尾家

ところが、広瀬富田城は戦略的に不利な地形であったために、忠氏はいずれ居城を松江の亀田山（現・松江城の地）に移すことを決めていたが、慶長九年（一六〇四）二十七歳で病没してしまうのである。

後を継いだ忠氏の長男忠晴は五歳であった。そのため吉晴が忠晴を後見して藩政を取りしきっている。

そして、忠氏の意思を継いで、吉晴は慶長十二年から松江城の築城をはじめている。ところが、完成を目前にした慶長十六年六月十七日、吉晴は広瀬富田城で病没してしまったのである。享年六十八歳。

忠晴はこの年三月に元服したばかりの十二歳であった。だが、吉晴以来の重臣たちに恵まれて、松江城を完成、城下町を築くなど、藩政を全《まっと》うしていたが、寛永十年（一六三三）九月二十日、三十五歳の若さで病没してしまったのである。

忠晴には後継ぎがいなかった。そのため堀尾家は忠晴の代で、無嗣断絶《むしだんぜつ》してしまうのである。

寺号を俊巌院から春光院に

寛永十年（一六三三）堀尾家の断絶によって、吉晴が建立した妙心寺山内の塔頭俊巌院は大《だい》檀越《だんおつ》を失っている。ところが、このとき思わぬところから、救いの手が差しのべられてきたのである。忠晴に後継ぎとなる子はいなかったが、娘がいて、近江膳所《ぜぜ》藩主石川忠総《ただふさ》の長男康勝《やすかつ》（兼勝）のもとに嫁《とつ》いでいた。その息女が堀尾家の断絶を悲しんだばかりか、吉晴は富田《とだ》岩倉寺に、忠氏は広瀬の忠光《ちゅうこう》寺平《じだいら》に、忠晴は松江円成寺《えんじょうじ》と、一族が四散した状態で葬られているのを嘆き、せめてそれらの寺に安置されている吉晴・忠氏・忠晴の木像だけでも、吉晴が建立した俊巌院に移して、一族の冥福を祈りたいと、夫康勝やその父忠総に懇願した。

この結果、断絶した堀尾家に代わって石川家が檀越となり、寺内に堀尾一族の木像を安置した方二間の霊屋《おたまや》（現存）を建立、金助の菩提所を堀尾一族の菩提所にして、寺号を〈春光院〉

に改めていた。寛永十三年のことである。

石川家歴代の手厚い庇護

堀尾家が断絶した翌年寛永十一年、石川康勝のもとに嫁いでいた息女が、長男憲之《のりゆき》を生んでいる。その憲之が伊勢亀山藩主を経て、淀藩主となって淀に移封されて来たのは寛文九年（一六六九）三十五歳のときである。

当時、吉晴が金助のために建立したという堂宇の大半は、八十年経って傷み出していた。そのため憲之は、淀城の寝殿を移築してきて大書院にあてるなど（現存）、母の遺志を継いで積極的に堂宇の再建を行っている。

現在の堂宇の大半は、その後、寛政六年（一七九四）から天保年間（一八三〇年代）にかけて、石川家によって大改修されたもの。方丈に堀尾吉晴夫妻と金助の木像が、霊屋に忠氏・忠晴夫妻の木像が安置されていて、わずか三代で史上から消えた戦国武将堀尾吉晴一族の秘話と、断絶を嘆き悲しむ息女の悲話や、大檀越石川家によるこころ温まる逸話の数々を今日に伝えていた。

忠氏・忠晴夫妻の木像と一族が祀られている霊屋の内部

福島正則と妙心寺海福院

〈市松《いちまつ》〉と呼ばれた十三歳の少年が豊臣秀吉に育てられて十八歳で初陣《ういじん》、以来、常に先陣を切って戦場を駆けまわり、華々しい戦功を重ねていく。豊臣軍団随一といわれた武勇一辺倒の戦国武将福島正則。

だが、豊臣から徳川へと時代が移るにつれて、豊臣恩顧《おんこ》の猛将として幕府から警戒され、挙句の果ては、罠を仕掛けられて改易《かいえき》へと追い詰められていく。そして、転封先で没したときには、なにもかも失っていた。

福島正則の墓（中央、五輪塔）と一族の者たちの眠る福島家墓所

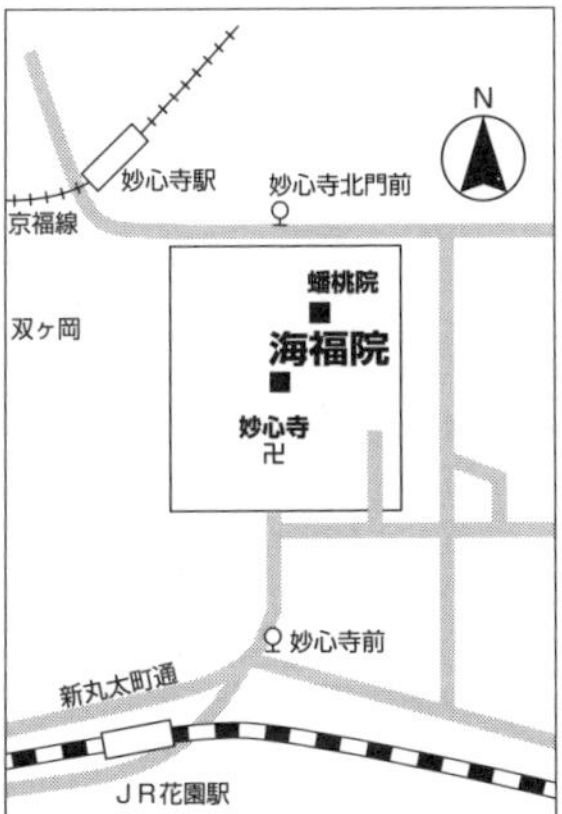

初陣で兜首二つを取る殊勲

豊臣秀吉が主君織田信長から近江長浜城を与えられて、はじめて一国一城の主《あるじ》となったのは天正二年(一五七四)、秀吉三十九歳のとき。

このとき、秀吉・ねねの身内の者や親類縁者たちが、つぎつぎと長浜城を訪れて来て、〈おこぼれ頂戴〉とばかりに仕官を望んだり、身を寄せている。そうした者たちの中に、福島正則もいた。まだ〈市松《いちまつ》〉と呼ばれていた十三歳の少年である。

この少年が秀吉のもとで育てられて、はじめて戦場に赴いたのは十八歳となった天正六年(一五七八)、播磨《はりま》三木城《みきじょう》攻めの戦闘からである。この初陣《ういじん》で、正則は兜首《かぶとくび》(大将格の首)二つを討ち取る大金星を挙げ、その後も秀吉軍団の一員となって各地を転戦するたびに武功を重ね、天正十一年(一五八三)の賤ヶ岳《しずがたけ》の合戦では、一番槍《いちばんやり》・一番首の大手柄を立て〈七本槍〉の筆頭に挙げられていた。正則二十三歳のときである。

武勇一辺倒の猛将正則

慶長三年(一五九八)秀吉が没したとき、福島正則は尾張清洲《きよす》城主二十四万石の大大名に納まっていた。三十八歳である。

秀吉の子飼いで、いったん戦闘となると、先陣を切って戦場を駆けまわり、戦功を競う典型的な武勇一辺倒の武将であった。そのため、〈秀吉後〉の政権奪取を狙った徳川家康の老獪《ろうかい》な権謀術数《けんぼうじゅっすう》など、正則には読み解けなかった。

慶長五年（一六〇〇）関ヶ原の合戦が起こると、石田三成に私恨《しこん》を抱いていた正則は、率先して家康に加担、今度は東軍・家康方の先鋒となって戦っていた。思い込むと一途《いちず》である。戦後、家康はこの荒武者正則を懐柔《かいじゅう》するため、秀吉の知行《ちぎょう》に倍増する安芸《あき》・備後《びんご》二ヵ国四十九万八千石余を与えて、広島城主に任じていた。秀吉子飼いの猛将と怖れられていた正則も、このときから徳川幕藩体制の中に組み込まれてしまい、豊臣方と徳川方が雌雄を決した大坂の陣では、家康から江戸留守居役を命じられて、身動きもできず江戸にいた。すでに正則は牙《きば》すらも抜かれていた。

本多正純の罠にはまった正則

元和三年（一六一七）夏、広島市内を流れる太田川が氾濫《はんらん》して、正則の居城広島城も石垣が崩れ櫓《やぐら》が傾き、三の丸まで浸水するなど、城下一円が大災害に見舞われている。

そのため、正則は幕閣の本多正純《まさずみ》を通じて将軍秀忠に居城の修築を願い出、元和五年の一月から修築に取りかかっている。ところが正純は、このことを秀忠に報告もせず、許可を得ておかなかったのである。一説によると、秀吉恩顧の大名福島家を取り潰すために、正純が仕組んだ策謀であったといわれている。

その年四月、幕府から無断修築を咎《とが》められた正則は、素直に幕府に謝罪をして修築箇所の取り壊しを誓約した。ところが、なぜか正則は本丸の修築箇所を取り壊しただけで、いずれまた許可を受けることだからと、二の丸、三の丸の修築箇所には手をつけないでいた。それが命取りとなって、元和五年六月、福島家は改易《かいえき》されてしまったのである。

正則の死とともに、すべてが無に

幕府は正則の所領安芸・備後四十九万八千石余を没収して、陸奥津軽四万五千石への転封を決めた。

ところが、津軽藩主津軽為信が先祖伝来の地を人手に渡すことはできないと、この転封に反対したため、正則の転封先は越後魚沼郡の二万五千石と、信濃川中島二万石の、計四万五千石の地に変更された。

このとき広島藩の近隣諸藩は緊張した。正則が素直に居城広島城を明け渡すまいとの噂が流れていたからである。だが、正則は「家康公在世のときならば一言あるが、秀忠公にはなにも言いたくない」と、この決定に素直に従っていたと古記録は伝えている。

元和五年七月、正則は三男忠勝に越後二万五千石を与えて、自らは信濃高井郡高井野村（現・長野県上高井郡高山村）に移り、蟄居《ちっきょ》をはじめている。

だが、翌六年三月、三男忠勝が没したために、正則は越後の地二万五千石を幕府に返上、四年後の寛永元年（一六二四）七月十三日に高井野村で没していた。六十四歳である。

このとき、家臣の者たちが幕府の検死役到着前に、正則の遺体を火葬に付してしまったために、残されていた領地二万石も幕府に没収されてしまい、正則の死とともに、すべてが無となってしまっている。（のちに四男正利に三千石が与えられている。）

等持院に移築された本堂

福島正則は洛西・花園にある妙心寺の塔頭海福院《かいふくいん》で眠っている。法名・海福寺殿前三品相公月翁正印大居士。

海福院は豊臣家が滅亡した大坂夏の陣の翌年元和二年に、正則が豊臣家の冥福を祈り、自らの菩提所にと、妙心寺の百三十五世夬室《かいしつ》智丈《ちじょう》和尚を開山に迎えて開創した寺。境内墓地に正則はじめ一族の墓があり、正則の遺品・古文書類も保存されている。

福島正則の眠る妙心寺塔頭海福院

なお、本堂の建物は文政元年（一八一八）に足利将軍家の菩提寺である等持院（北区等持院北町）に移されていて、欄間《らんま》の中央に豊臣家の桐紋が浮き彫りされた見事な堂宇で、往時の壮麗さを偲ばせている（現存）。

なおまた、海福院には狩野探幽《かのうたんゆう》が酒に酔って描いたという逸話の残る『唐人猿廻し図』や、狩野益信筆の『山水図』など、襖絵が残されていることでも知られている。

脇坂安治と妙心寺隣華院

十七歳の頃から木下藤吉郎に仕え、三十歳となった天正十一年、〈賤《しず》ヶ岳《たけ》の合戦〉で七本槍《やり》のひとりとして活躍、一躍有名になった戦国武将脇坂安治《わきさかやすはる》。恩義のある豊臣家に弓を射ることはできないと、大坂の陣が起こると、家《か》督《とく》を子に譲ってさっさと隠居。

帰依《きえ》する禅僧南化玄興和尚のために安治が建立した寺は、龍野《たつの》藩主脇坂家の菩提所《ぼだいしょ》として、脇坂家の縁者が代々住持を務めて、南化和尚と安治の供養を続けていた。

境内に眠る脇坂安治の墓

妙心寺塔頭隣華院

安治十七歳のエピソード

元亀元年（一五七〇）九月、一向宗（浄土真宗）の総本山摂津の石山本願寺が織田信長に背いて一揆《いっき》を起こした。この動きに呼応して浅井長政・朝倉義景《よしかげ》が南近江で反信長の兵を挙げた。

信長は急遽近江坂本に陣を布いて防戦したが、浅井・朝倉の連合軍は三万の大軍である。そこで信長は、近江長浜の東にある横山城を警備させていた木下藤吉郎（秀吉）に来援を命じている。

秀吉はすぐさま、最小限の留守部隊を横山城に残して、全員陸路坂本へ向かった。行軍を楽にするため、兵糧などは長浜から船で大津へ送った。

秀吉隊が大津に到着したとき、すでに兵糧は陸揚げされていて、その傍らにひとりの男がたたずんでいた。

秀吉はその男を目にした途端、激昂した。横山城で留守居を命じてきた家臣の者、明らかに軍令違反である。だが、男は横山でのときと同じように、秀吉に随行して従軍したいと、繰り返して哀願した。それでも秀吉は厳しく叱責《しっせき》して横山城に帰すことを決めたが、男はひそかに帰らずにいて、のちにまた秀吉に見付かっている。秀吉は立腹したが、「その志の切なるを感じ」て、やむなくこの男の従軍を許していた。

のちに〈賤《しず》ヶ岳《たけ》の戦い〉で目覚しい働きをする脇坂安治《わきさかやすはる》の、秀吉に仕えはじめた十七歳のときのエピソードである。

一躍有名となった賤ヶ岳の戦い

脇坂安治の名が一躍有名になるのは、天正十一年（一五八三）の〈賤ヶ岳の戦い〉である。このとき安治は、福島正則・加藤清正・加藤嘉明《よしあきら》・片桐且元《かつもと》・平野長泰《ながやす》・糟屋《かすや》武則《たけのり》とともに抜群の功を挙げ、七本槍《やり》のひとりに数えられている。安治三十歳のときである。

このとき秀吉は、福島正則の五千石を筆頭に、安治たち六人の者にそれぞれ三千石を与えたばかりか、二年後の天正十三年、秀吉が関白に叙任《じょにん》されると、この七人の者たちにも官位を贈り、改めて大名に取り立てている。脇坂安治は従五位下・中務少輔《ちゅうむしょうゆう》に叙任され、大和国高取《たかとり》城主二万石を経て、淡路国洲本《すもと》城主三万石に取り立てられていた。

秀吉子飼いの戦国武将

脇坂安治は近江国浅井郡脇坂（現・滋賀県東浅井郡湖北町丁野《ようの》）に生まれている。十六歳で明智光秀に連れられて初陣したあと、秀吉の配下に属し、姉川《あねがわ》の合戦や播磨《はりま》の三木城攻めなどに従軍。賤ヶ岳の戦いのあとも、小牧《こまき》・長久手《ながくて》の戦いで伊賀上野城を攻め落とすなど、目覚しい活躍をしている。

　ところが、淡路洲本の城主となり、瀬戸内海の水軍の拠点であった淡路を掌握したときから、安治は〈水軍の将〉とされていく。

　天正十八年（一五九〇）の小田原討伐では、安治は水軍を率いて伊豆下田城を攻略している。文禄・慶長の朝鮮の役では、水軍千五百を率いて渡海、兵員や物資の輸送にあたる一方で、朝鮮水軍と戦っている。その戦功によって秀吉から三千石を加増されている。秀吉子飼いの武将であった。

　ところが、秀吉が没して、慶長五年（一六〇〇）に関ヶ原の合戦が起こると、脇坂安治は小早川秀秋の配下にいた。そのため、はじめは西軍三成方に加わっていたが、決戦当日小早川秀秋とともに東軍家康方に寝返っている。そのため、戦後家康から所領を安堵《あんど》されたばかりか、慶長十四年（一六〇九）には五万三千五百石に加増されて、四国の伊予大洲《いよおおず》（愛媛県大洲市）に移封されていた。

　だが、慶長十九年（一六一四）大坂冬の陣が起こると、安治は豊臣家に弓を射ることはできないと、家督《かとく》を子の安元《やすもと》に譲っ

本堂に祀られている脇坂安治の木像

て隠居、元和三年（一六一七）には四国を離れて、ひとり京都の町に移り住んでいる。

南化和尚と脇坂家の菩提所建立

脇坂安治は、秀吉が洛西妙心寺の禅僧南化玄興《なんかげんこう》和尚に深く帰依《きえ》しているのをみて、安治もまた南化和尚の人柄に魅せられていったようである。

南化和尚のために隠居所を建立して寄進、そこを脇坂家の菩提所《ぼだいしょ》にしたいと、安治は南化和尚の許しを得て妙心寺山内に堂宇の建立をはじめている。そして、慶長四年（一五九九）六月四日、落慶したばかりのこの寺で、安治は亡父安明《やすあき》の三十三回忌の法要を営んでいた。妙心寺塔頭《たっちゅう》隣華院《りんかいん》である。寺の名は、父安明の法名〈隣華院殿陽春聯芳大禅定門〉による。

京都に移り住んだ安治は、この隣華院を訪ねるなどして余生を送り、寛永三年（一六二六）八月六日七十三歳で没している。臨松院殿前中書少輔平林安治大居士。

安治の跡を継いだ二代藩主安元は、元和三年（一六一七）に信濃国飯田城主（長野県飯田市）に移封され、さらに三代藩主安政《やすまさ》のときに播州龍野《たつの》城（兵庫県たつの市）に移封されて、以後脇坂家は歴代龍野藩主を務めて明治維新を迎えていた。

なおまた、安治は生前、子の安済《あんさい》（号・定水《じょうすい》）を仏門に入れて南化和尚の弟子にしており、慶長九年（一六〇四）に南化和尚が没すると、この安済が隣華院の二世住持を継ぎ、以後脇坂家の縁者が隣華院の住持を務めて、南化和尚と境内墓地に眠る安治以下歴代藩主の供養を続けている。

加藤嘉明と大谷本廟

十三歳のときから豊臣秀吉に仕えはじめ、〈賤《しず》ヶ岳《たけ》の合戦〉で勇名を馳《は》せた秀吉子飼いの武将加藤嘉明《よしあきら》。

だが、関ヶ原の合戦後は、徳川の幕藩体制内に組み込まれて、四十万石の大大名となり、徳川将軍家の〈侍従《じじゅう》〉までも務めていた。

しかし嘉明没後、お家騒動が勃発《ぼっぱつ》して四十万石を幕府に返上、一万石の小大名となって生き残っていくが、転封につぐ転封で、藩祖嘉明の墓所すらも定まらなかった。

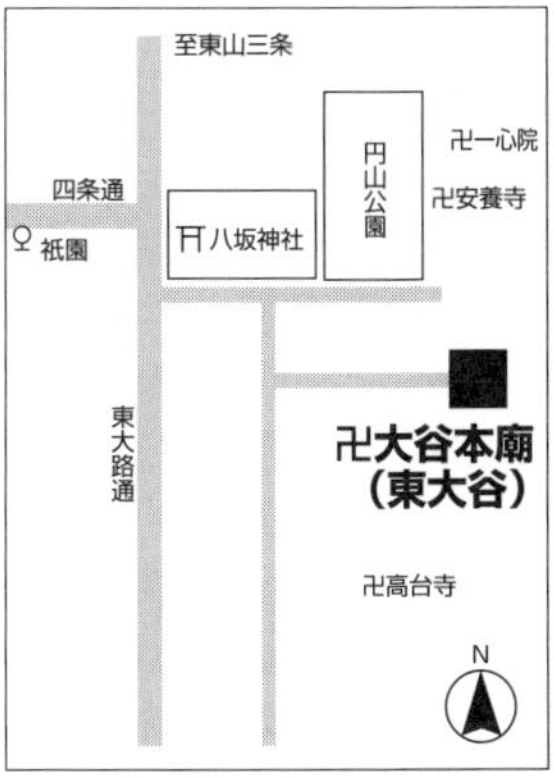

賤ヶ岳の七本槍から水軍の将に

天正十一年（一五八三）四月、豊臣秀吉は天下取り目指して柴田勝家と琵琶湖の北にある賤《しず》ヶ岳《たけ》で戦っている。

このとき、加藤清正や福島正則《まさのり》、片桐且元《かつもと》、脇坂安治《やすはる》など、秀吉子飼いの若者たちが目覚ましい活躍をして、秀吉の勝利に貢献したため、〈賤ヶ岳の七本槍《やり》〉と、賞賛されている。

この七人の者（実際は九人いたのだが）たちの中に〈加藤孫六《まごろく》〉という二十歳の青年がいた。十三歳のときから秀吉に仕えて来た若者で、このときの戦功によって、知行《ちぎょう》三百石から一躍三千石に加増されたばかりか、二年後の天正十三年、秀吉が天下を統一して〈関白《かんぱく》〉に叙任《じょにん》されると、孫六も〈従《じゅ》五位《いげ》下・左馬助《さまのすけ》〉に叙任されて、〈加藤左馬助嘉明〉と、いかめしい名に変わっていた。

そして、同僚の脇坂安治が淡路国洲本城主三万石に取り立てられたとき、加藤嘉明も淡路国志賀城主一万五千石に封ぜられ、このときから加藤嘉明は脇坂安治とともに、豊臣軍団の水軍の将となって活躍する。

徳川将軍家の侍従に栄進

秀吉が行くところ、常に加藤嘉明が付き従っていた。それほど秀吉から信頼されていた嘉明は、慶長三年（一五九八）秀吉が没したとき、伊予国松前《いよのくにまさき》十万石の城主に納まっていた。

親鸞聖人の眠る東本願寺の大谷祖廟

ところが、慶長五年関ヶ原の合戦が起こると、日頃石田三成に私憤《しふん》を抱いていた嘉明は、加藤清正・福島正則たちとともに東軍徳川家康に加担した。その結果、戦後家康から伊予国松山城主二十万石に加増されて、秀吉子飼いの武将も徳川の幕藩体制内に組み入れられてしまっていた。

それればかりか、元和八年（一六二二）には三代将軍となる徳川家光《いえみつ》の鎧着初《よろいきはじ》めの儀式を務めあげ、寛永三年（一六二六）の徳川秀忠・家光の上洛に供奉《ぐぶ》するなどしたために、徳川将軍家の〈侍従《じじゅう》〉にまでのぼり詰めていた。

四国松山から会津若松に転封

嘉明が侍従となった翌寛永四年（一六二七）、幕府は嘉明のこれまでの忠勤をねぎらって、伊予松山二十万石から陸奥会津《むつあいづ》四十万石に移封した。倍する加増である。だが、松山城の築城に二十数年心血を注いでいた嘉明は、この転封を辞退したが、許されなかった。

松山の地に未練を残しての転封に気落ちしたのか、この頃から嘉明は病みはじめている。三代将軍家光も侍医久志本常尹《くしもとつねただ》を会津に派遣したばかりか、嘉明を江戸に移して治療にあたらせていたが、寛永八年（一六三一）九月十二日、会津藩江戸屋敷で没していた。享年六十九歳。遺体は火葬に付され、当初〈松苑院殿前拾遺道誉大禅定門〉の法名で、江戸麻布の善福寺に葬られたといわれている。

お家騒動で会津藩四十万石を返上

嘉明の没後、嫡男明成《ちゃくなんあきなり》（四十歳）が父の遺領会津四十万石を相続した。明成も父嘉明に劣らず熱心に藩内を整備する一方で、会津若松城の大改修を行っている。

ところが、寛永十六年（一六三九）、嘉明の寵臣《ろうしん》であった堀主水《もんど》がことごとく明成に対立、一族郎党三百人余りを引き連れて若松を出奔、行方をくらますという事件が起こった。明成は幕府の力を借りて堀主水を逮捕、二年後の寛永十八年に主水を処刑してしまうのだが、このお家騒動で明成は自信を失ったのか、寛永二十年（一六四三）、病気を理由に「大藩の仕置《しお》きならず」と、会津藩四十万石を幕府に返上してしまうのである。

だが、幕府は加藤家の廃絶を惜しみ、明成の嫡男明友《あきとも》に石見国吉永《いわみのくによしなが》一万石を与えていた。

大谷本廟と専念寺にある嘉明の墓

加藤嘉明は江戸麻布の善福寺で、二代明成は石見国で眠っていた。ところが、三代明友のときに石見国吉永一万石から近江国水口《おうみのくにみなくち》二万石に移封された。そればかりか、四代明英《あきひで》のときには下野国壬生《しもつけのくにみぶ》領に移され、六代嘉矩《よしのり》のときに、また近江国水口領に二万五千石で戻されていた。

以後、加藤家は水口藩主を務めて明治維新を迎えているが、転封のために旧領内に置いたま

専念寺にある加藤嘉明（右）と明友の妻（左）の墓

旧法名を刻んだ嘉明の墓のある専念寺

まとなっている歴代当主の墓所を、なんとか一ヵ所に集めて、そこを加藤家歴代の墓所にしたいと、四代明英のときか、六代嘉矩の頃に思案されたようである。その結果、なにかと上洛することの多い京都の町で、しかも徳川家ゆかりの寺ということで、浄土真宗大谷派の本山東本願寺を、加藤家の墓所に決めたといわれている。この結果、嘉明は江戸より移されて来て、〈三明院釈宣興〉の新しい法名で東本願寺に祀られている。

いま嘉明はじめ、加藤家歴代藩主は東本願寺の祖廟《そびょう》である大《おお》谷本廟《たにほんびょう》内の、親鸞聖人《しんらんしょうにん》の眠る御廟《ごびょう》のすぐ北隣りにある〈武家墓地〉で眠っている。かつては歴代藩主の五輪塔が並んでいたが、昭和四十年代の風水害による山崩れで墓地が崩壊してしまったために、現在は合葬されて、かたわらに墓碑銘が立てられている。

なお、加藤嘉明の墓は専念寺〈京都市左京区西寺町二条下ル東〉にもある。墓塔に刻まれた法名は〈松苑院殿〉の旧法名であり、三代明友の妻の墓と並んでいて、『家譜』や『寺記』にも記録された確かな墓なのだが、なぜ専念寺にあるのかは諸説があって真相は不明である。

生駒親正と妙心寺玉龍院

織田家に仕えて、うだつの上がらなかった生駒親正《いこまちかまさ》も、木下藤吉郎隊に配属されるや、秀吉の出世につれてとんとん拍子に出世、〈讃岐《さぬき》の殿様《とのさま》〉に納まっていた。

その讃岐生駒家も、暗愚《あんぐ》な四代藩主高俊《たかとし》のときに御家騒動が勃発《ぼっぱつ》して改易《かいえき》され、高俊は菩提所玉　龍院《ぎょくりゅういん》に霊屋を建てて歴代藩主に詫びながら秋田へと移されていく。

そしてまた、明治の廃仏棄釈で玉龍院の本堂は建仁寺に移されていき、〈開山堂客殿〉となって佇《たたず》んでいた。

生駒家墓所に眠る親正以下３代の藩主とその一族の墓

生駒家の菩提所妙心寺塔頭玉龍院

秀吉の出世で讃岐の殿様に

大永六年（一五二六）、美濃（岐阜）で生まれた生駒《いこま》親正《ちかまさ》は、早くから織田家に仕えていたが、目立つこともなく、〈その他多勢〉の中にいた。その親正が信長の代になり、元亀元年（一五七〇）の頃から木下藤吉郎（豊臣秀吉）隊に配属されて、ようやく陽が当たりはじめたようである。親正四十五歳のときである。

このときから親正は秀吉に従《つ》いて各地を転戦、天正十二年（一五八四）に、はじめて秀吉から二千石を与えられたが、翌年天正十三年秀吉が天下人になると、親正も〈従五位下・雅楽頭《うたのかみ》〉に叙任《じょにん》されて二万三千五百石に加増されている。十倍する加増である。そしてさらに、二年の間に転封・加増を繰り返して、天正十五年（一五八七）には播州赤穂六万石となり、さらに讃岐《さぬき》国に移されていた。〈讃岐の殿様《とのさま》生駒家〉の誕生である。

そして、このとき秀吉は親正を堀尾忠晴・中村一氏《かずうじ》とともに中老《ちゅうろう》職に任じ、豊臣政権の中枢《ちゅうすう》に参画させていた（『寛政重修諸家譜』）。親正六十二歳のときである。

嫡男一正に救われた親正

秀吉没後の慶長五年（一六〇〇）、徳川家康が会津の上杉景勝《うえすぎかげかつ》を討つために討伐軍の派遣を決めたとき、親正たち三中老は家康に中止するよう諫言《かんげん》した。だが、家康は聞かなかった。そのため、三中老はそれぞれの息子たちを従軍させただけで、自らは参加しないでいた。親正も病気と称して、嫡男一正《かずまさ》（当時四十六歳）を従軍させている。

ところが、事態が急変、東軍徳川家康対西軍石田三成の、天下を二分しての関ヶ原の戦いに発展した。上杉討伐軍にいた一正は、そのまま東軍家康方に加わっていた。ところが親正は、西軍三成に懇請されて、家臣を田辺城攻撃に差し向けていた。

そのため戦後、親正は家康を恐れ、薙髪《ちはつ》して高野山に籠もっていた。ところが、家康は一正の目覚ましい働きに免じて親正を許したばかりか、一正に親正の所領讃岐国一国を与え、十七万千八百石に加増した。

京に玉龍院、高松に法泉寺建立

親正は関ヶ原の合戦から三年経った慶長八年二月十三日に高松城で没している。このとき病床にいた親正は、秀吉の眠る京の豊国社に病気平癒の使者を送り、秀吉に最後の挨拶を行っている。親正は秀吉の旧恩を忘れないでいた。法名・前讃州刺吏従四位下太楽令海依弘憲大居士。

霊屋に安置された右から親正・一正・正俊の塑像

七十八歳。城下の弘憲寺に眠っている。

ところが、その子一正は生まれながら言語障害があったためか、ことのほか信仰心が厚く、帰依していた妙心寺の大川紹滈《だいせんしょうい》和尚を開山に迎えて、慶長三年に妙心寺山内に生駒家の菩提所として玉龍院《ぎょくりゅういん》を創建、晩年にはこの大川和尚を招請して高松の地に法泉寺《ほうせんじ》を建立している。

一正が没したのは慶長十五年三月十八日、五十六歳。〈玉龍院殿安岫崇泰大禅定門〉の法名で玉龍院と法泉寺に埋葬され、また跡を継いだ三代藩主正俊《まさとし》も元和七年六月五日、三十六歳で没すると、〈法泉院殿機外崇先大居士〉の法名で、一正と同じように玉龍院と法泉寺に葬られていた。

四代高俊、御家騒動で秋田に配流

親正・一正・正俊と讃岐生駒家は三代続いて、四代目を十一歳の高俊《たかとし》が継いだ。ところが、高俊は男色に溺れたばかりか日夜の酒池肉林、暗愚《あんぐ》であった。そのため重臣たちが二派に分かれて激しい権力争いをはじめていた。世に名高い〈生駒騒動〉である。

この御家騒動の結果、寛永十七年（一六四〇）七月、幕府は生駒家の所領を没収、高俊に勘《かん》忍分《にんぶん》一万石を与えて、出羽国（秋田県）由利郡矢島に配流した。

妙心寺の塔頭玉龍院内にある生駒家の墓所には、三基の宝篋印塔《ほうきょういんとう》を中心にして一族の墓塔が身を寄せていて、その周囲を藩主を慕う家臣たちの墓が囲んでいる。そして、その前方に高俊が建立した霊屋があって、親正・一正・正俊の塑像《そぞう》が安置されている。取り返しのつかない不始末をしでかした高俊も、ようやく事の重大さに気づいたようである。

なお、玉龍院は明治初年の廃仏棄釈の嵐に見舞われ、明治十年、由緒ある本堂の建物は東山の建仁寺に移されていき、〈開山堂客殿〉となって佇《たたず》んでいた。

長曽我部盛親と蓮光寺

四国土佐の国主長曽我部家の第二十二代当主盛親。関ヶ原の合戦で徳川家康に取り潰されて領国を失った盛親は、京で寺子屋の師匠をしながら再興の機を窺っていた。

だが、大坂夏の陣に夢破れて、無惨にも斬首されていた。

基壇に〈長曽我部土佐守秦《はた》盛親之墓〉と刻まれた五輪の墓塔

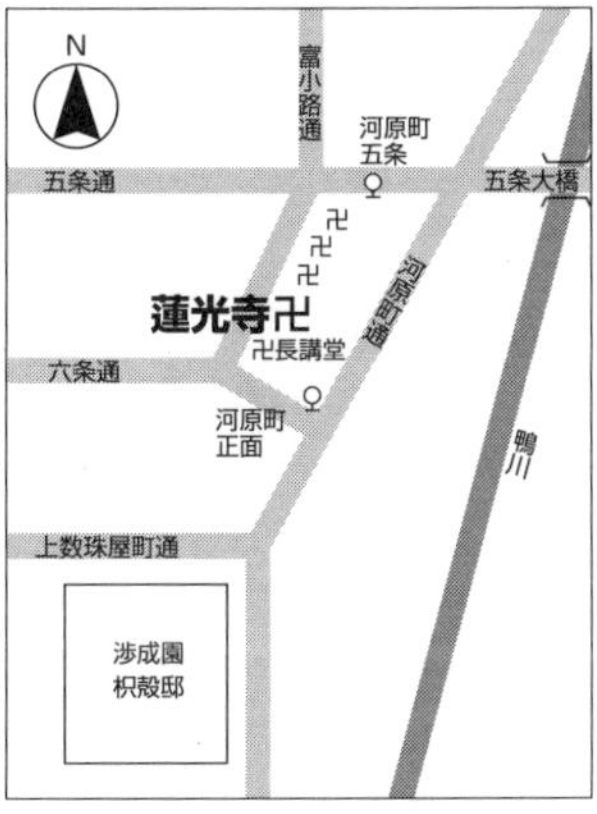

長曽我部盛親の眠る浄土宗蓮光寺。寺に盛親の太刀や書翰などが保存されている

取り潰された土佐の国主

慶長五年（一六〇〇）の関ヶ原の合戦のときである。四国土佐の長曽《ちょうそ》我部《かべ》盛親《もりちか》隊は、石田三成の西軍に属して関ヶ原の戦場にいた。

ところが、西軍の敗色が濃くなると、長曽我部隊は戦わずに戦場を離脱して、さっさと領国に帰っていった。だが、当初、徳川家康と石田三成の権力争いと思われた戦さであったが、時が経つにつれて様子が変わった。

領国土佐高知での居城浦戸《うらど》城に戻った長曽我部盛親は、すぐさま城の防備を固めるのと同時に、井伊《いい》直政《なおまさ》の勧めもあって、大坂に赴き家康に謝罪した。だが、家康は許さず領地を没収した上、盛親を追放にした。そして、そのあとに掛川《かけがわ》から山内一豊《やまうちかずとよ》を移封した。

中世鎌倉時代からの国主《こくしゅ》であった長曽我部家である。それを取り潰されて旧家臣たちは新領主の赴任に頑強に抵抗した。とりわけ〈一領具《いちりょうぐ》足《そく》〉と呼ばれた、平時には農業を営み有事には兵となる、誇りをもった土佐の郷士《ごうし》たちには、主君（豊臣秀吉）の恩義を平然と裏切った新領主山内一豊の恥ずべき生き様《ざま》は許せなかった。これに対して山内一豊は徹底した弾圧策を強行、罠《わな》を仕掛けて反抗する者七十三名を一斉に摘発しては磔刑《たっけい》に処したり、領内各地で残忍な見せしめの処刑を行なっていた。山内一豊の消せない〈負《ふ》〉の部分である。

寺子屋の師匠に変身

領国を奪われた長曽我部盛親は、やむなく上洛して来て上立売《かみたちうり》の柳ヶ図子《やなぎづし》（現・柳図子町）にいた。天正三年（一五七五）の生まれで、取り潰された慶長五年（一六〇〇）二十五歳。父は長曽我部家第二十一代の元親《もとちか》。天正十八年（一五九〇）十五歳になった盛親は秀吉の小田原討伐に父元親とともに従軍、文禄・慶長の役にも出兵するが、慶長四年（一五九九）五月、上洛中の父元親が伏見で没したために、盛親が家督《かとく》を継ぎ、長曽我部家第二十二代当主となったのは前年のことである。

京の町に隠れ住んだ盛親は〈大岩祐夢《たいがんゆうむ》〉と名乗り、寺子屋を開いて糧《かて》を得ながら長曽我部家再興の機を窺っていた。

御家再興に盛親出陣

慶長十九年（一六一四）十月、大坂冬の陣が勃発《ぼっぱつ》した。徳川家康は近江・伊勢・美濃・尾張の諸大名に出陣を命じ、自らも駿府を立って上洛、二条城から出陣した。

大坂城に立て籠った豊臣秀頼は、家康に取り潰されて浪人となっている旧大名・家臣たちに檄《げき》を送った。〈御家再興の機会到来〉、長曽我部盛親はすぐさま大坂へ向かった。このときの様子を『史料大観《たいかん》 槐記《かいのき》』が興味深く伝えている（要約）。

「相国寺門前デ寺子《てらこ》ヲ取リテ渡世《とせい》シタル浪人（長曽我部盛親）アリ。大坂籠城ノ刻、カノ男ト二、三人、甲冑《かっちゅう》ヲ着テ出発シタガ、寺町今出川ノ辻デ二、三十騎《き》ニ、寺町三条ニテハ二、三百騎トナリ、伏見ニテハ大方千騎トナリテ大坂へ向カッタ」と、伝えている。当然、四国土佐からも馳せ参じて来た旧家臣たちも多くいたに違いない。

蓮光寺に眠る盛親

　翌年慶長二十年（一六一五）の大坂夏の陣では、長曽我部盛親は五月七日の決戦の日の朝、五千の大軍を率いて八尾《やお》に出撃、東軍藤堂高虎《とうどうたかとら》隊と激突した。死闘五時間、突如東軍井伊直孝《なおたか》隊に側面を突かれて長曽我部隊は四分五裂、敗退した。このとき盛親の足は、なぜか厳戒態勢が布かれたという京の町に向かっていた。そのため五月十一日、八幡《やはた》の橋本《はしもと》まで来て、残党狩りをする蜂須賀《はちすか》隊に捕まっていた。このとき、「なぜ自害せず逃げたのか?」と問われて、盛親は「生きておれば、また再興の日も来よう」と答え、盛親は長曽我部家再興の夢を捨てないでいた。だが、五月十五日、盛親は京中を引き回わされた末に、六条河原で斬首、その首を三条河原に晒されていた。享年四十一歳。

　ところが、このとき、ひとりの僧が京都所司代《しょしだい》板倉勝重《かつしげ》に願い出て、盛親の首級《しゅきゅう》を寺に持ち帰り、丁重に供養を行なっていた。寺子屋の師匠であった盛親と親交のあった蓮光寺《れんこうじ》（下京区富小路六条下ル）の住職蓮光上人《れんこうしょうにん》である。寺の門前に「長曽我部盛親公瘞首《えいしゅ》之地」の石標が立ち、本堂裏手にある墓地の北奥で、盛親は眠っていた。法名・領安院殿源翁崇本大居士。

山内一豊と妙心寺大通院

夫のために鏡箱から取り出した十両の大金。山内一豊とその妻の馬買いの話は、〈美談〉となって伝わっている。ところが、そのあとも一豊は、妻の機転と助言によって土佐高知二十四万石の藩主の座まで射止めていた。

妙心寺塔頭大通院

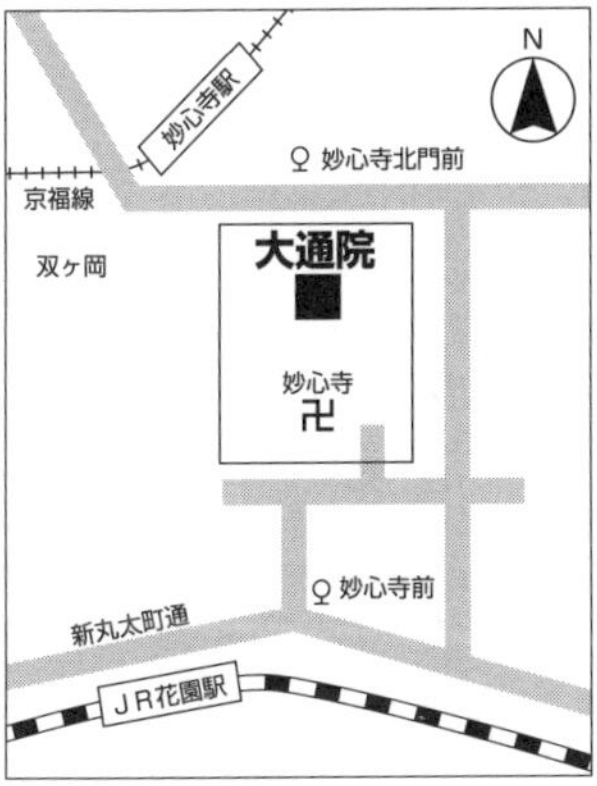

鏡箱から十両の美談

土佐高知二十四万石の藩主となった山内一豊《やまうちかずとよ》とその妻の馬買いの話は、あまりにも有名である。

一豊が安土《あづち》の織田信長に仕えてまだ五百石という薄給の頃、東北仙台から名馬を曳《ひ》いて馬売りが来た。その馬をひと目見て、一豊は顔色を変えた。またとない名馬である。欲しいが、金《きん》子《す》一枚（十両）では手が出ない。このような名馬に乗れば、主君の目に止まることは間違いないがと、一豊が嘆くのを妻が聞いて、ならばと、鏡箱の中から金子一枚を取り出して来て、夫の前に置いた。この家に嫁《とつ》いで来るとき、実家の母から、いかなる難儀の事態が出来《しゅったい》しても自分のために使わず、かならず夫のために使うようにといただいたもの。ぜひ役立ててほしいの妻の言葉に感激、一豊は早速馬売りのもとに駆けつけて、この馬を手に入れている。

だが信長の評価は違った

天正《てんしょう》九年（一五八一）二月二十八日、信長は京都の町で盛大に〈馬揃え《うまぞろえ》〉を行なっている。信長はもとより家臣の大名、小名《しょうみょう》、御家人《ごけにん》たちが華《はな》やかな出立ちで駿馬《しゅんめ》にまたがり、京都の町を早駆《はやが》けしたり、堂々と行進をしたり、織田軍団の武威《ぶい》を誇示した馬揃えである。信長もこの日、高砂太夫《たかさごたゆう》の衣装をまとい、梅花の枝を手折《たお》って襟首《えりくび》に挿《さ》した華麗《かれい》な出立ちで臨《のぞ》んでいた。はたせるかな、このとき一頭の名馬が信長の目に止まった。知行《ちぎょう》わずか五百石の一豊の馬である。事情を聞いて信長は感動した。といっても一豊の妻の美談についてではない。

馬売りは奥州からはるばると安土まで来た。途中、北条、武田をはじめ各地の群雄とその家臣たちを訪ね歩いて来たが売れず、安土の織田家ならばと、期待して来たに違いない。その馬を織田家の家臣、それも下級の者が買った。おそらく馬売りは帰途、織田家の者が買ったと、道々触《ふ》れて帰ることは間違いない。となると、さすが織田家と評判も立とう。一豊とやらあっぱれである。

信長は、一豊の妻のことより、織田家の名誉・名声ばかりを気にしていたようで、一豊に当座の褒美《ほうび》として千石を与えたと、古記録は伝えている。

はたして〈美談〉は真実か

この一豊の妻が馬を買う金子を出した話は、江戸時代の中頃、新井白石《あらいはくせき》の『藩翰譜《はんかんふ》』、室鳩巣《むろきゅうそう》の『鳩巣小説《きゅうそうしょうせつ》』、湯浅常山《ゆあさじょうざん》の『常山紀談《じょうざんきだん》』などに収録されて、〈美談〉として伝えられている。

ところが、この話『山内家史料』や『一豊公紀《かずとよこうき》』など、土佐藩の重要な史料・記録の中には全く見当たらず、はたして史実なのか否か不明なのである。

それに、NHKの大河ドラマは原作・司馬遼太郎の小説『功名が辻』に基いて、一豊夫人を「千代」と名付けているが、山内家やその周辺史料の中に夫人の名は全く記されておらず、不明である。司馬遼太郎は止むなく「千代」と名付けたというが、そのため、いまはいたるとこ

霊屋〈見性閣〉右が一豊、左が夫人の墓塔・位牌・画像が仲睦まじく並んでいる

ろで〈千代〉〈千代〉の大合唱。史実を追う筆者は、困ったことだと、頑《かたく》なに姿勢を崩さず迎合《げいごう》しないでいるのだが……

秀吉と歩んだ山内一豊

山内一豊は永禄《えいろく》二年（一五五九）十五歳のときに、織田信賢《のぶかた》に仕えていた父盛豊《もりとよ》と兄十郎のふたりを、織田信長との戦いで失っている。

このとき一豊は母とともに城を脱出するが、このあと尾張《おわり》・美濃《みの》・近江《おうみ》を転々とした挙句《あげく》、ようやく永禄の末（一五七〇）頃になって、父の仇であるはずの織田信長に仕官《しかん》を余儀なくされていた。だが、このとき幸いなことに一豊は木下藤吉郎秀吉のもとに配属されて、秀吉の出世とともに山内家も再興に向けて踏み出していく。一豊が、のちに〈賢妻〉と評判高い夫人と結婚したのは、この頃である。

秀吉が信長から江北三郡を与えられた天正元年、秀吉は一豊に近江唐国《からくに》（滋賀県東浅井郡虎姫町）四百石を与え、当時二十九歳の一豊を豊臣軍団の中でも有力な直参《じきさん》家臣団に加えていた。

このあと一豊は、秀吉が天下人となった天正十三年（一五八五）に近江長浜《ながはま》城二万石を与えられ、天正十八年（一五九〇）には遠江掛川《とおとうみかけがわ》城五万石にまで進んでいた。

妻の助言で家康の軍門へ

ところが、秀吉が没して慶長《けいちょう》五年（一六〇〇）の関ヶ原の合戦のときである。

一豊は豊臣軍団の有力武将のひとりとあって、徳川家康は警戒した。このとき一豊は妻の助言に従い、三十年余の間秀吉より受けた恩義をあっさりと忘れ去って、掛川城を家康に明け渡したばかりか、甥《おい》の政豊《まさとよ》までも人質《ひとじち》に差し出して東軍家康方に加わっていた。この結果、一豊は戦後、土佐高知二十四万石の藩主に抜擢《ばってき》されて移封《いふう》された。土佐藩山内家の誕生である。一豊五十六歳、夫人四十四歳のときである。

拾い児を養育して禅僧に

天正十三年（一五八五）十一月二十九日北近江一帯を大地震が襲った。当時長浜にいた一豊夫妻は、この地震で長女与禰《よね》（六歳）を失っていた。ところが、このあと子供に恵まれず、ある日夫人が墓参りの帰りに一児を拾った。あまりの可愛さに〈拾《ひろい》〉と名付けて育てていくが、十三歳（?）のときに詩を詠《よ》むなど、かなり聡明《そうめい》・利発《りはつ》な子であったようである。後継ぎのいなかった一豊は、この子に家督《かとく》を譲ることを真剣に考えたようである。このとき夫人が、それでは山内家の血筋が絶えると反対したため、一豊はその助言に従って弟康豊《やすとよ》の子忠義《ただよし》を養嗣子《ようしし》に迎え、拾を妙心寺の塔頭《たっちゅう》大通院《だいつういん》の住職南化玄興《なんかげんこう》和尚に預けている。南化玄興は秀吉はじめ一豊など、豊臣家一門の大名衆から厚い帰依《きえ》を受けた高名な禅僧である。

拾は南化和尚のもとで仏道に精進、師より〈湘南宗化《しょうなんそうか》〉の法号を授かり、南化和尚が没すると、大通院の住持《じゅうじ》を務める優れた禅僧に育っている。

湘南和尚〈見性閣〉建立

慶長六年（一六〇一）正月、遠江掛川から土佐高知に移封された一豊は、弟康豊とともに高知城を築城、城下町を建設するなど領国経営に専念している。だが、一段落して安堵《あんど》したのか、慶長十年（一六〇五）九月二十一日、高知城で六十一歳の生涯を終えている。遺骸は潮江《うしおえ》の真如寺山《しんにょじやま》に葬られたが、このとき夫人の進言もあって、菩提所は拾こと湘南宗化の寺・京の大通院と決まり、〈大通院殿心峯宗伝大居士〉の法名が贈られている。

そして一豊が没した後、夫人は忠義が慰留《いりゅう》するのを振りきって翌慶長十一年（一六〇六）三月上洛、いったん伏見の土佐藩下屋敷に入ったが、のちに京の桑原町《くわばらちょう》（中京区丸太町通富小路西入・現京都地方裁判所の地）に隠居所を新築して大通院を往来、湘南とともに夫の冥福を祈りながら余生を送っている。没したのは元和《げんな》三年（一六一七）十二月四日、奇《く》しくも一豊と同じ六十一歳であった。法名・見性院殿瀉宗紹劉大姉。

湘南宗化は、その後一豊夫人の十七回忌にあたった寛永十年（一六三三）に、慈愛深い一豊夫妻を偲んで大通院内に宝形造《ほうぎょうづく》りの霊屋《みたまや》を建立（現存）、夫人の法名に因んで〈見性閣《けんしょうかく》〉と名付け、冥福を祈り続けていた。

大通院を歩く

花園にある臨済宗《りんざいしゅう》妙心寺派《みょうしんじは》の大本山妙心寺。広い境内に三門《さんもん》・仏殿《ぶつでん》・法堂《はっとう》・大《だい》方丈《ほうじょう》など重厚《じゅうこう》な七堂《しちどう》伽藍《がらん》が一直線に並び、そのまわりから延《の》びた石畳《いしだたみ》の道に沿って四十七の塔頭《たっちゅう》寺院が白壁をめぐらせて立ち並んでいる。

山内一豊夫妻の菩提所《ぼだいしょ》大通院は、丁度本山大方丈の裏手にあたる位置にあった。山門をくぐって境内に入ると、高く枝を張ったモミジの木のトンネルの奥に〈見性閣〉が佇《たたず》んでいる。明治の廃仏《はいぶつ》毀釈《きしゃく》で境内の景観は一変してしまったが、いまも境内を歩くと、一豊夫妻の時代を物語る遺跡が遺《のこ》されていた。

田中孫作の墓

慶長五年（一六〇〇）六月、山内一豊は徳川家康とともに会津の上杉景勝《うえすぎかげかつ》討伐《とうばつ》の軍に加わって大坂を出陣、下野《しもつけ》（栃木《とちぎ》県）まで来たときである。大坂で留守居する一豊夫人から書状が来た。文箱《ふみばこ》の中には、家康を打倒しようと反旗《はんき》を翻《ひるがえ》した石田三成から届いた勧誘《かんゆう》状《じょう》が入っていた。

夫人は勧誘状を受け取ると、すぐさま家人《かじん》の田中孫作《まごさく》を呼んで出立《しゅったつ》させた。このとき夫人は一書を認《したた》め、他見されないようにと、

田中孫作の墓

孫作の笠の緒《を》（紐《ひも》）に織り込んで持たせていた。〈密書《みっしょ》〉である。

孫作は途中盗賊に襲われたりするが、懸命に文箱と笠を守り通して、七月二十四日の夜半、下野の諸川《もろかわ》で、ようやく一豊の軍に追い着いている。密書を読んだ一豊は、すぐさま文箱の封を切らずに家康に提出、大坂の様子を知った家康は夫人の機転にいたく感激、一豊は面目を施したという。

一豊夫妻に土佐二十四万石をもたらした〈夫人の機転〉と〈笠の緒の文（密書）〉、それを運んだ〈田中孫作〉。この話は土佐藩誕生秘話になって、いまも語り継がれているが、その孫作が霊屋の傍らで眠っていた。

土佐藩士の墓

一豊が没して半年ほど経った慶長十一年（一六〇六）三月、一豊夫人は湘南和尚のもとで夫の冥福《めいふく》を祈り余生を送りたいと、忠義の慰留するのを振りきって上洛する。このとき忠義は、伏見の藩邸から花園の大通院に通うのは夫人には無理と、六月、京の桑原町に隠居所を新築して贈っている。そして、その賄《まかな》い料・隠居料として知行千石を贈

土佐藩士の墓

り、さらに夫人に仕えていた後藤勘九郎・芝山覚之丞《かくのじょう》・岡文左衛門《ぶんざえもん》たち家臣の者四、五名を京の隠居所に常駐させている。

墓地に整然と並んでいる藩士の墓は、京に常駐して夫人に仕えていた家臣たちの墓で、土佐で没したが一豊夫妻を偲んでこの地に葬られた者もいる。

湘南宗化の墓

『都林泉名勝図会《みやこりんせんめいしょうずえ》』（寛政《かんせい》十一年・一七九九年刊）をみると、「当院（大通院）の林泉は奇樹奇石《きじゅきせき》多くして、この塔中第一の名庭なり」と記し、「二代の住職湘南和尚四方海巌《かいがん》を求めてこの庭を作りたまふ」と伝えている。

元和《げんな》三年（一六一七）病床にあって死期を悟《さと》った一豊夫人は、忠義に対して知行千石のうち八百石を湘南和尚に譲るように遺言している。湘南和尚はこの身に余る知行を、土佐藩山内家の藩祖の菩提所に相応しい寺へと、寺内の整備に費やし、夫人の十七回忌に当たった寛永十年（一六三三）〈見性閣〉を建立して、一応の整備を終えたようである。四年後の寛永十四年（一六三七）七月二十三日、湘南和尚は一豊夫妻のもとへと旅立っていた。

なお、本堂内の須弥《しゅみ》壇中央に曲彔《きょくろく》（椅子）に座した湘南和尚の等身大の彩色木像が祀られている。

湘南宗化の墓

亀井政矩と高台寺月真院

尼子《あまこ》家の再興を願って毛利方との死闘の末に播磨《はりま》上月《こうづき》城で凄絶な死を遂げた山中鹿之介幸盛《ゆきもり》。

その山中鹿之介に見出されて、尼子再興を託された戦国武将亀井茲矩《これのり》。羽柴秀吉とともに、ようやく因幡《いなば》鹿野《しかの》城を奪取して、旧領回復の足がかりをつかんだのも束の間、秀吉が毛利と和睦したために、再興の夢は挫折する。

その子政矩《まさのり》もまた、父の遺志を継ぐが、因幡鹿野から石見《いわみ》津和野《つわの》に転封されて、再興の夢は絶たれていた。

高台寺の霊屋の東にある津和野藩初代藩主亀井政矩の墓

名跡亀井家を継いだ湯新十郎

永禄九年（一五六六）、織田信長に仕えていた秀吉が、岐阜の〈墨俣《すのまた》〉に〈一夜城《いちやじょう》〉を築いて敵方を驚かせていた頃、出雲《いずも》の月山富田城《がっさんとだ》（島根県能義郡広瀬町）を拠点にして、山陰・山陽の二道で覇を唱えていた強大な尼子《あまこ》一族が、新興勢力の毛利一族に攻めたてられて滅亡した。

このとき、城を落ちのびて各地を流浪、天正元年（一五七三）ふたたび因幡《いなば》国に戻って、尼子家再興を図る山中鹿之介軍に加わり、数々の武功を重ねる〈湯新十郎《ゆしんじゅうろう》〉を名乗る若者がいた。

山中鹿之介幸盛《ゆきもり》は、かつて次男であったために婿養子に出されたことがあり、その後嫡男の兄が病弱で廃嫡となったために、急遽実家山中家に呼び戻されていた。そのため、養家先の名跡〈亀井家〉は廃絶したままになっていた。そこで山中鹿之介は、この若者に亀井家の遺姫をめあわせ、名跡にふさわしい名を与えて、亀井家を継がせることにした〈亀井茲矩《これのり》〉の誕生である。天正二年（一五七四）新十郎十八歳のときである。

本能寺の変で夢破れた茲矩

尼子勝久《かつひさ》を奉じて尼子家の再興を目指す山中鹿之介は、強大な毛利一族に対抗するため、中国制覇に動き出している織田信長の力を借りた。この結果、亀井茲矩など山中隊の者たちはみな織田軍団の一員となって戦っている。

ところが、天正六年（一五七八）秀吉軍とともに播磨《はりま》上月城《こうづき》を奪取していた山中隊は、毛利の大軍に包囲されて苦境に陥っていた。だが、このとき信長の厳命で秀吉隊が引き揚げてしまったために、上月城は落城、尼子勝久は自刃、山中鹿之介は逮捕されて、備中松山城へ護送の途中、謀殺されてしまっていた。

このとき秀吉隊にいて、再興軍の最後を見届けることになった亀井茲矩は、その後天正八年（一五八〇）、秀吉とともに待望の旧領因幡に進攻、毛利方から鹿野《しかの》城を奪っている。

ところが、このあと、またしても毛利方の激しい巻き返しにあい、亀井茲矩は三百の手勢でこの城を死守したばかりか、秀吉の鳥取城攻略にも貢献したため、天正九年十月、信長より因幡鹿野城主（一万三千五百石）に任じられていた。

茲矩は、この鹿野城を拠点にして、尼子の旧領因幡・出雲の回復を夢に描いた。

ところが、翌天正十年六月の本能寺の変で、秀吉は突然毛利方と和睦してしまったのである。

山中鹿之介の菩提所建立

旧領回復の望みを絶たれた亀井茲矩は、やむなく鹿野の城下に山中鹿之介幸盛の冥福を祈って菩提所〈幸盛寺〉を建立した。そして、鹿之介が謀殺された地から、鹿之介の遺骨を収集して来て寺内に墳墓を築いて埋葬、丁重に供養を行っている。

こうして亀井茲矩は、秀吉に仕えて東奔西走しながら領国経営にあたっていたが、秀吉没後の関ヶ原の合戦では、徳川家康とともに会津討伐に従軍していたため、東軍とみなされ、戦後

ねねの道沿いにある高台寺塔頭月真院

三万八千石に加増されている。

こうして茲矩は、因幡鹿野藩主として秀吉、家康に仕え、慶長十七年（一六一二）一月二十六日、五十六歳で没している。

因幡鹿野から石見津和野《いわみつわの》に転封

茲矩の後を、二十二歳の嫡男政矩《まさのり》が継いでいる。このとき幕府は五千石を加増、四万三千石を与えている。

ところが、大坂夏の陣後の元和二年（一六二五）七月、政矩に思わぬ事態が出来《しゅったい》した。石見津和野藩主坂崎出羽守直盛《なおもり》が大坂城から千姫を救出したが、家康は救出した者に千姫を与えるという約束を破って、姫路城主本多忠刻に嫁《とつ》がせることを決めている。激怒した坂崎直盛は千姫を奪う計画を立てたようだが、家康の命を受けた柳生《やぎゅう》宗矩《むねのり》が単身坂崎邸を訪れ、坂崎直盛を自害させてしまっていた。坂崎家は断絶したが、その領国石見津和野四万三千石が、突然亀井政矩に与えられ、因幡鹿野から移封されてしまうのである。

〈せめて尼子の旧領因幡一国、または出雲一国を〉の、茲矩以来の亀井家の願いは空しいものとなってしまったようである。柳生宗矩の立ち会いで、政矩が津和野三本松城に入城したのは、元和三年（一六一七）八月十三日である。

高台寺に眠る津和野藩主

政矩が津和野に移封されて三年目の元和五年（一六二八）五月、広島藩主福島正則が無断で城を修築したため改易されている。このとき政矩は病床にいたが、安藤重信、永井直勝とともに広島城接収役を命ぜられたために、政矩は家臣七百名を連れて、病躯を押して城地接収に出かけている。ところが、やはり無理だったようで、政矩は家老の多胡真清《たこまさきよ》に後事を託して帰国、無事城地接収が済んだとの報告を聞くと、病気療養に専念するため、京に赴いている。ところが、白馬にまたがり伏見の町を走行中に、体力が弱っていたためか不覚にも落馬、それがもとで八月十五日に病没してしまったのである。三十歳。

政矩のあと、二歳の茲政《これまさ》が継ぎ、亀井家は代々石見津和野藩主を務めて明治維新を迎えている。

政矩の墓所は東山の高台寺にあり、塔頭月真院は政矩の菩提所である。法名悟叟浄頓大居士。

奥平信昌と建仁寺久昌院

織田信長の鉄砲隊と武田勝頼の騎馬軍団が激突した〈長篠《ながしの》の戦い〉で、わずか五百の手勢で長篠城を死守し続けていた二十一歳の青年武将奥平信昌《おくだいらのぶまさ》。信長と家康に激賞されてエリートコースを歩みはじめた奥平家は、その後、三家に枝葉を広げて、埼玉・岐阜・九州の地で、それぞれ藩主を務めていくが、信昌が創建した建仁寺の久昌院《きゅうしょういん》を訪れて、貞能《さだよし》・信昌の墓所に詣でていく人は、いまはいない。

奥平信昌創建の建仁寺久昌院

長篠城を死守した青年武将

天正三年（一五七五）五月、甲斐《かい》の武田勝頼が一万八千の軍勢を率いて三河《みかわ》に侵攻、長篠城《ながしのじょう》を囲んだ。この城は、もと武田方の城であったが、二年前の天正元年七月、武田信玄《しんげん》死去のスキを突かれて、徳川家康に奪われていた。その上さらに家康は、この城の城主に武田方を裏切った奥平定昌《さだまさ》をあてていた。勝頼にとっては恨《うら》み骨髄《こつずい》、見過ごすわけにはいかなかった。

城を包囲した武田隊は猛攻を加えた。だが、奥平隊はわずか五百の城兵で、徹底的に抗戦した。しかし、十日もすぎると、城内は食糧が欠乏、負傷者も出て、落城は寸前となった。このとき、鳥居強右衛門勝商《すねうえもんかつあき》が城を脱出、家康に急を伝えた。

家康は織田信長とともにすぐさま救援にかけつけて来て、長篠城外の設楽《しだら》ヶ原《はら》に陣を布《し》いた。史上有名な〈長篠の戦い〉である。

戦さの結果は、織田信長の鉄砲隊が武田の騎馬軍団を撃破《げきは》して大勝した。

このとき、家康は長篠城を守り抜いた奥平定昌を激賞、娘の亀姫を嫁入りさせたばかりか、遠江の地を与え、信長もまたその武勇を賞賛して〈信長〉の一字を与え、〈定昌〉を〈信昌《のぶまさ》〉に改めていた。奥平信昌二十一歳のときである。

徳川軍団きっての精鋭部隊

天正十二年（一五八四）家康は豊臣秀吉と尾張小牧《おわりこまき》で戦っている。このとき奥平隊は秀吉方

信昌とその妻亀姫の眠る霊屋、背後の小祠は信昌の父貞能と祖父貞勝の墓所である

の武将森長可《ながよし》を討ち取り、二百余りの首級をあげている。徳川軍団の中でも〈三河《みかわ》軍団〉と恐れられた精鋭部隊の一員である。

当然、秀吉没後の関ヶ原の合戦でも、奥平隊は東軍家康方に属して西軍石田三成と戦っている。

そして、戦さを終えるとすぐに、家康は京都の治安を確保するため、奥平隊を急遽上洛させている。当時京都の町は、秀吉が任命した前田玄以《げんい》が十七年間にわたって京都所司代《しょしだい》を務め、治安にあたっていた。家康はこの前田玄以を解任して、奥平信昌を京都所司代に任じていた。

密告で安国寺恵瓊を逮捕

慶長五年九月二十二日、京の警備にあたっていた奥平信昌のもとに、思わぬ情報が飛び込んできた。西軍の首謀者のひとりであった安国寺恵瓊《あんこくじえけい》が、関ヶ原から逃亡して来て本願寺（現・西本願寺）に潜んでいるとの密告である。すぐさま本願寺に駆けつけたとき、寺内から病人を乗せた輿《こし》が運ばれて来て、東寺の方向に向かって走っていく。不審に思って押しとどめたところ、輿を担ぐ者たちが突然、隠し持った刀を抜刀《ばっとう》して切りつけ

霊屋に眠る信昌とその妻亀姫の墓塔

てきた。病人を装っていたのが安国寺恵瓊である。斬り合いの末に逮捕された恵瓊はすぐさま家康のもとに送られ、十月一日、京の六条河原で石田三成らとともに斬首されてしまっていた。このことが、のちに信昌のこころに暗い影を落としたようである。

別格扱いをうけた奥平家

京都所司代に就任して半年経った慶長六年三月、家康は信昌の職を解き、後任に板倉勝重《かつしげ》を据えている。当時、信昌の知行地は関東の上野国《こうづけのくに》甘楽郡《かむらぐん》小幡《こはた》領にある宮崎城三万石の城主であったが、このとき家康は信昌の労をねぎらい、美濃《みの》加納《かのう》藩十万石の藩主に加増して移封した。そしてさらに、信昌の嫡男《ちゃくなん》家《いえ》昌《まさ》に対しても、家康は信昌の前任地であった小幡領宮崎城三万石をそのまま与え、さらにその年の暮れには下野国《しもつけのくに》宇都宮《うつのみや》城主十万石に任じていた。信昌四十七歳、家昌二十五歳のときである。信昌の妻亀姫は、家康の正室築山《つきやま》殿の子であり、信昌の嫡男家昌は亀姫の生んだ子とあって、家康の扱いもまた格別であった。

嫡男を宇都宮城主に取り立てられて安堵したのか、信昌は翌七年、加納城主の家督《かとく》を三男忠《ただ》政《まさ》（次男家治《いえはる》は十四歳で早世）に譲り、十万石のうち六万石を忠政に、四万石を自身の隠居料にあてて隠居した。

父の墓所建仁寺に久昌院創建

信昌の父貞能《さだよし》は、信昌が天正十八年（一五九〇）小幡領宮崎城三万石の城主に任じられた頃、隠居して〈牧庵《ぼくあん》〉と号していた。家康とともに上洛して秀吉に謁見《えっけん》した貞能は、秀吉から「田舎《いなか》にいるよりは都にいて、余生を楽しむがよい」と勧められ、伏見に移り住んでいたが、慶長三年六十二歳で没し、建仁寺に葬られていた（『寛政重修諸家譜』）。

ところが、関ヶ原の戦いの折、信昌が逮捕した安国寺恵瓊は、東福寺の第二百二十四世住持を務める当代きっての禅僧で、建仁寺の方丈を再建するなど、建仁寺一山の僧たちからも再興の恩人と慕われていた。

そのため、慶長七年に隠居した信昌は、慶長十三年、父貞能の墓所のある建仁寺山内に一宇の建立をはじめている。建仁寺塔頭《たっちゅう》の久昌院《きゅうしょういん》である。

信昌は元和元年（一六一五）三月、加納（岐阜）の地で没し、葬儀は久昌院の開基で住職であった三江紹益《さんこうしょうえき》和尚が加納に赴き執り行っている。享年六十一歳、久昌院殿泰雲道安大禅定門。

奥平家はその後、豊前中津《ぶぜんなかつ》藩主・武蔵忍《むさしおし》藩主・上野小幡藩主の三家に枝葉を広げて繁栄、明治維新を迎えているが、今日久昌院を訪れて来て、貞能・信昌に香華《こうげ》を手向ける者はひとりもいない。

黒田長政と報恩寺

近江長浜城で加藤清正・福島正則たちと青春時代を共に過ごした黒田長政。やがて父官兵衛孝高と共に豊臣秀吉を支えて東奔西走、晩年は胃ガンを患い、母を想い、子の将来を案じながら京の報恩寺で没していた。

長政が没した報恩寺方丈の上段の間には、阿弥陀如来像が祀られていて、折に触れての供養がいまも続いている

浄土宗報恩寺の表門。手前に架る石橋は桃山時代の築造。昔秀吉の前で夜鳴きしたという寺宝の虎の絵に因んで〈鳴虎《なきとら》報恩寺〉ともいう

本堂（旧方丈）奥の厨子《ずし》内に並ぶ長政〈興雲院殿前大中大夫筑州都督古心道卜大居士〉（左）と如水孝高〈龍光院殿如水圓清居士〉の位牌

長浜城で育った松寿丸

のちに筑前《ちくぜん》福岡藩主となる黒田長政《ながまさ》は、天正五年（一五七七）松寿丸《しょうじゅまる》と呼ばれていた十歳のときに、父の黒田官兵《かんべ》衛《え》孝高《よしたか》が織田信長に服属《ふくぞく》したため、その証《あか》しの人質となって信長の許に送られている。

信長は官兵衛孝高のこの義理固さに感服、松寿丸こと長政を当時長浜城主であった羽柴《はしば》秀吉に預けていた。

当時、長浜城内には、秀吉が一国一城の主となったことを聞きつけて、秀吉の郷里の村・尾張国愛智郡中中村（愛知県名古屋市中村区中村町）から仕官を望んで駆けつけて来た若者たちがいた。市松《いちまつ》こと福島正則《まさのり》、夜叉丸《やしゃまる》こと加藤清正たちである。いずれもまだ元服《げんぷく》前の若者とあって、秀吉の妻ねねがその養育に当たっていた。

長政は三年後の天正八年（一五八〇）に父の許に返されていくが、長浜城内で過ごした清正や正則たちとの屈託《くったく》のない伸びやかな生活ぶりや、ねねからも家族的な優しい扱いを受けて、秀吉家中の一員であることを強く意識しはじ

めたようである。のちに父官兵衛孝高は秀吉の軍師《ぐんし》・参謀《さんぼう》となって活躍するが、長政もまた豊臣軍団の有力武将のひとりとなって、加藤清正・福島正則たちと共に秀吉を支えていった。

五十二万石の大大名に

父の許に戻った長政は、二年後の天正十年（一五八二）、父に伴われて秀吉の中国征伐軍に加わり、備中《びっちゅう》高松城の水攻めに出陣した。初陣《ういじん》である。このあと賤《しず》ヶ岳《たけ》の戦い、小牧《こまき》・長久手《ながくて》の戦いを経て、天正十五年（一五八七）の九州征伐では方面軍の軍奉行《いくさぶぎょう》を務め、その軍功によって戦後豊前《ぶぜん》国十八万石を与えられていた。

天正十七年（一五八九）官兵衛孝高は家督を長政に譲って、自らは剃髪《ていはつ》して〈如水《じょすい》〉と号するが、以後も秀吉に近侍《きんじ》して軍師を務めていく。そのため長政はその後も父と共に小田原の役・朝鮮出兵に出陣する。

そして慶長三年（一五九八）秀吉が没すると、長政は石田三成を嫌って徳川家康に与《くみ》していく。慶長五年（一六〇〇）の会津討伐では長政は先陣を務め、関ヶ原の戦いでは小早川秀秋を寝返らせて東軍の勝利に貢献したため、戦後家康より筑前一国五十二万石を与えられていた。

思い出に古戦場を訪ねて

藩政が軌道にのりはじめた慶長九年（一六〇四）三月、父の如水孝高が五十九歳で病没した。長政もその後大坂の陣を経て、五十歳を過ぎた頃から体に異変が生じていた。ガンである。

元和九年（一六二三）七月、二代将軍徳川秀忠《ひでただ》が将軍職を子の家光《いえみつ》に譲るため上洛した。このとき江戸にいた長政は嫡男忠之《ただゆき》（二十一歳）を伴い、将軍に先んじて江戸を出立《しゅったつ》、東山道《とうざんどう》を西へ向かった。途中、大垣城、岐阜城の戦場跡や関ヶ原を通り、そのときの合戦・攻防の様子を詳しく忠之に語って聞かせている。

長政は当時胸痛を患い、道三薬《どうさんやく》を服用していたが、やがて膈噎《かくいつ》（胃ガン）の病いを併発した。そのため、今生《こんじょう》の思い出にかつての戦場跡を訪ね、忠之に語り伝えておきたかったようである。

京の報恩寺で没した長政

長政は、このとき京に寄らず、伏見より大坂に下《くだ》り、急ぎ領国筑前に帰って療養に専念するつもりでいた。ところが、家光の三代将軍就任の式典があると聞いて、列席せねばなるまいと大坂まで来ていた長政一行は上洛、二条城にほど近い上京の報恩寺《ほうおんじ》に入った。病状はかなり進んでいたようである。京の名医半井通仙《なからいつうせん》の薬を服用、大坂からも医師古林見宜《こばやしけんぎ》を呼び寄せたが、思わしくない。上洛して来た秀忠・家光もたびたび使者を遣《つか》わし長政を見舞っている。

長政も最期を悟ったのか、母（幸圓《こうえん》）に先立つ不孝を詫び、忠之に対しては「上を敬《うやま》い、下を憐《あわ》れむに、慎《つつし》んで怠ることなかれ」と遺言して、八月四日報恩寺の方丈《ほうじょう》にある上段《じょうだん》の間（現存）で病没した。享年五十五歳。法名・興雲院殿古心道卜大居士。

遺骸は筑前に移されて火葬に付され、那珂《なか》郡博多松原（現・福岡市博多区千代）の崇福寺《すうふくじ》にある父如水の墓の西隣りに埋葬されている。

永井尚政と宇治興聖寺

宇治川畔に立つ興聖寺は、淀城主永井尚政が再興した曹洞宗の開祖道元禅師ゆかりの寺。

尚政の手厚い庇護によって、わずか十五年で末寺一〇八ヵ寺を擁する大寺に発展する。

ところが、尚政の孫が刺し殺される事件があって、永井家は改易され、興聖寺も退転する。

だが、いまも淀城趾や興聖寺を歩くと、永井尚政の名は今日に伝わっていた。

濠の石垣が残る淀城趾

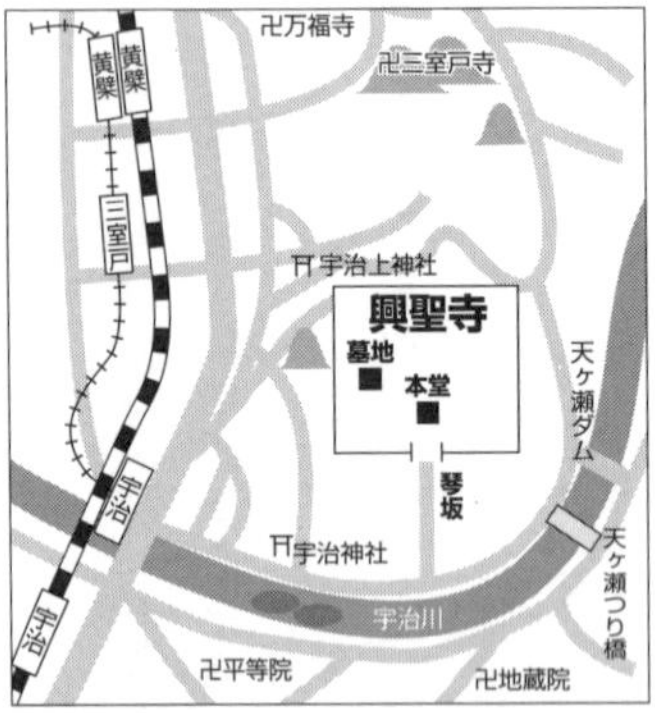

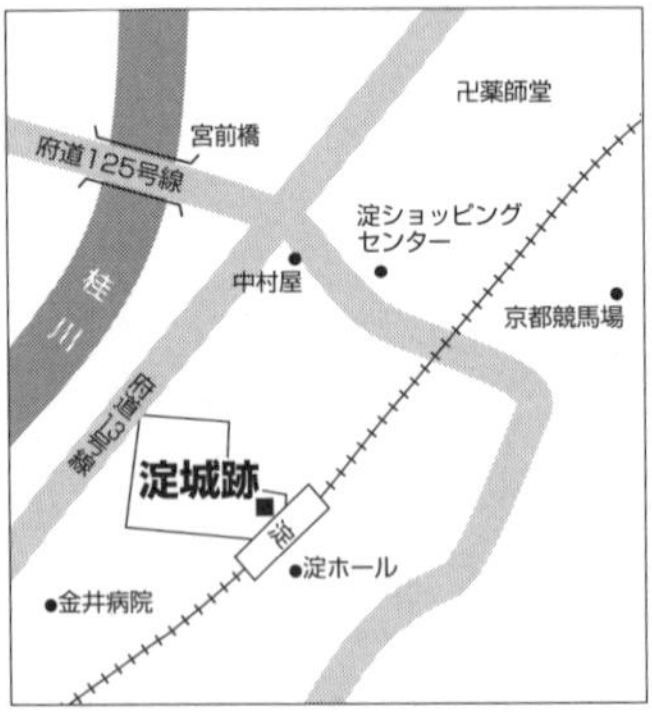

秀忠に仕えた重臣尚政

寛永十年（一六三三）三月、下総古河《しもふさこが》（現・茨城県古河市）から十万石の大物大名が、淀藩主となって移って来た。徳川二代将軍秀忠の〈近侍の三臣《きんじさんしん》〉といわれた永井尚政である。

将軍秀忠は、元和二年（一六一六）に家康が没すると、土井利勝・酒井忠世《ただよ》・本多正純《まさずみ》らを幕閣の中枢《ちゅうすう》に据えて、これを補佐するものとして井上正就《まさなり》・板倉重宗《しげむね》・永井尚政の、幼少より秀忠に仕えてきた〈近侍の三臣〉を配置した。

とりわけ尚政は、家康に重用《ちょうよう》された永井直勝《なおかつ》の子とあって、秀忠も尚政を「老職《ろうしょく》」（老中《ろうちゅう》）に据えるなど重用した。

だが、寛永九年（一六三二）に秀忠が没すると、三代将軍家光は、秀忠付きの老臣たちを、つぎつぎと幕閣の要職からはずして転封《てんぷう》した。永井尚政が淀藩主となって淀城に移って来たのはこのときである。尚政四十六歳のときである。

還暦を迎え一寺建立を発願

将軍に仕え、幕府の要職にいただけあって、尚政は識見・力量のある優れた藩主・為政者だったといわれている。

当時淀城は、前藩主の松平定綱《さだつな》が、幕命によって秀吉の側室であった淀殿ゆかりの淀城とは別の地に、旧伏見城の殿舎や二条城の天守閣などを移築してきて淀城を新築した。ところが、

伏見城の殿舎を移築した興聖寺の本堂

竣工するとすぐに、松平定綱は美濃大垣に転封されてしまい、その後に入って来たのが尚政である。将軍の代替わりのときとあって、大名たちの転封・転勤も花咲かりであった。

新築の城に入った尚政も、引き続いて城内の整備や家臣団の屋敷地造成に追われている。だが、幕府は尚政の手腕を高く評価、単なる藩主に終わらせず、畿内・西国支配の重鎮・要《かなめ》に尚政を据えて、畿内全域の施政に参画させている。

こうして六十歳という節目《ふしめ》の年を迎えたとき、尚政は自らの菩提所《ぼだいしょ》にと一寺建立を発願した。宇治興聖寺の建立である。

宇治興聖寺の再建と庇護

曹洞宗を開いた道元禅師は、嘉禎二年（一二三六）に、深草に興聖宝林寺を建立して道場を開いている。ところが、四世住持の頃か寺は廃絶してしまっていた。

慶安元年（一六四八）尚政は、この由緒ある寺を再興して、そこを永井家の菩提所にしたいと、宇治川畔の現在地を選んで造営普請をはじめている。そして翌二年九月には、万安英種《ばんなんえいじゅ》禅師を五世住持に据えて、早くも〈興聖寺〉が開かれている。尚政の寄進によって本堂・開山堂・禅堂・方丈・鐘楼などが、つぎつぎと立ちならんだ。その上さらに、尚政は淀藩領のうちから新田二百石を寄進、べつに祠堂銀《しどうぎん》として銀二十貫文を毎年納めることをも決めている。

こうした尚政の積極的な財政支援もあって興聖寺は隆盛をきわめ、再興から十五年経った寛文四年（一六六四）には、末寺一〇八ヵ寺を擁する曹洞宗の一大本山に発展していた。

永井家改易で興聖寺退転

永井尚政は寛文八年（一六六八）九月十一日、八十二歳で病没する。淀に転封して来て三十五年、興聖寺を再興して二十年の歳月が流れていた。

尚政の後を長男の尚征《なおゆき》が継いだ。ところが翌年二月、尚征は丹後宮津に転封された。淀から宮津へ。だが、永井家と興聖寺の間に変化はなかった。

ところが、この尚征が没して、その子尚長《なおなが》の代となった延宝《えんぽう》八年（一六八〇）六月二十六日、突如不幸が永井家ばかりか興聖寺を襲った。

徳川四代将軍家綱《いえつな》が没して、この日、江戸の芝・増上寺《ぞうじょうじ》で諸大名が参列して法会が営まれている。この席で、永井尚長の背後にいた志摩鳥羽藩主の内藤忠勝が、突然乱心して抜刀、なにも知らぬ尚長を背後から刺し殺してしまったのである。内藤忠勝は切腹となったが、とんだ災

興聖寺山内にある永井家墓所

難だったのは永井家と興聖寺である。喧嘩《けんか》ではないのに両成敗《りょうせいばい》となったばかりか、当時尚長に後継ぎがなかったために、永井家は知行のすべてを没収され、改めて尚長の弟直円に大和新庄藩一万石が与えられている。

十分の一に知行が減って、このときから永井家に興聖寺を支える力はなくなっていた。それに加えて幕府は、尚政が興聖寺に寄進した新田地までも没収してしまったのである。

苦境に立たされた興聖寺であったが、一山結束して難局にあたっている。ところが延享《えんきょう》四年（一七四七）、幕命と称して、興聖寺一山の寺々は、福井永平寺の末寺に組み入れられてしまったのである。

尚政が植栽した琴坂の木々

永井尚政は、興聖寺山内の永井家墓所で眠っている。法名・宝林寺殿昆山信斎大居士。

春の新緑、秋の紅葉で名高い宇治川畔から山門にいたる参道の琴坂《ことざか》や、境内の随所に植えられた山吹・カエデ・ツツジの木々は、尚政が植栽したものと伝えている。

一方淀城では、永井家転封のあと二、三家が入れ替わり、享保八年（一七二三）下総《しもふさ》佐倉《さくら》から十万二千石の稲葉家が入封、十二代続いて明治維新を迎えている。

飯田覚兵衛と正運寺

肥後熊本藩の四天王と武名を馳せた飯田覚兵衛は、城壁・石垣築造の名手でもあった。加藤家改易後、上洛して来て戦場であやめた人たちの償いをしたいと一寺を建立、その寺で覚兵衛夫妻はひっそりと眠っていた。

境内の墓地でひときわ目立つ巨大な五輪塔。左の墓塔で覚兵衛が、右の墓塔でその妻が眠っている

石積みの名手飯田覚兵衛

徳川家康は慶長九年（一六〇四）に江戸城の築城を開始すると、それに並行して近江に彦根城を、十二年（一六〇七）には駿府城を築城、十五年（一六一〇）に入ると、今度は名古屋城の築城をはじめている。いずれも諸大名に工事費・労力など一切を負担させての〈手伝普請《てつだいふしん》〉である。

このとき肥後熊本《ひごくまもと》藩主加藤清正は進んで天守閣の築造を願い出ると、家臣飯田覚兵衛《かくべえ》を普請《ふしん》奉行《ぶぎょう》に据えたというのに、自らも陣頭に立って扇子《せんす》を打ち振り音頭《おんど》を取って、賑やかに工事の采配《さいはい》を振るっていた。

ところが、天守閣の基壇《きだん》の石積みがはじまると、飯田覚兵衛は人目に絶対触れぬようにと、現場一帯に幔幕《まんまく》を張った。

文禄《ぶんろく》・慶長の役の際、朝鮮に出陣した覚兵衛は、朝鮮の城の堅固な石垣に注目、とりわけ隅《すみ》石《いし》の優美な石積みに心を奪われた覚兵衛は、戦《いくさ》の合間にその石積み技法を徹底的に学んで帰国、以来、覚兵衛は石垣築造の名手、第一人者を自認していた。石積みの技法はいまは覚兵衛の奥《おう》義《ぎ》・秘伝であった（『政談《せいだん》』『慶長留記《けいちょうとめき》』）。

清正に呼び戻された覚兵衛

飯田覚兵衛はまた、庄林隼人《しょうばやしはやと》・森本儀太夫《ぎだいゆう》・三宅角左衛門《みやけかくざえもん》とともに、〈加藤家の四天王〉と称《たた》えられた勇猛な武将のひとりであった。

出生・出仕《しゅっし》の時期など、すべて不明だが、覚兵衛が加藤家に仕えはじめた当座はわずか六石の知行取り。それが戦場を駆けめぐるうちに、二千石の武将となった。ところが、あるとき藩主加藤清正の怒りに触れて浪人、伏見で馬の草鞋《わらじ》を編んで生計を立てていたが、このとき覚兵衛の致仕《ちし》を知った福島正則《まさのり》が四千石で召し抱えようと再三勧誘に訪れている。だが覚兵衛は、わずか六石の軽き者に大禄《たいろく》を賜わり、大将の列にまで加えていただいた加藤家の御恩は忘れることができないと固辞《こじ》。万一、清正公御出陣と聞けば、一番に馳《は》せ参じていき、馬前で討ち死にする覚悟という覚兵衛の話を聞いた正則は、そのことを清正に報告するや、覚兵衛再び清正公に召し返されて、その後、数々の武功によって六千石にまでのぼり詰めたと伝えている（『明良洪範《めいりょうこうはん》』）。

突如改易された藩主忠廣

慶長十六年（一六一一）五月、加藤清正が熊本城で危篤《きとく》状態に陥ったとき、江戸に赴き、幕府に清正の危篤を伝え、万一の場合には嫡子《ちゃくし》忠廣《ただひろ》が家督《かとく》を相続する旨、了解を取り付けて来たのは飯田覚兵衛である。

また清正が没して菩提所《ぼだいしょ》本妙寺《ほんみょうじ》が建立されたとき、普請奉行を務めるなど藩の要職にいた飯田覚兵衛である。

だが、清正の死から二十一年経った寛永九年（一六三二）五月、突如幕府は肥後熊本藩五十

蛸薬師通に南面して立つ正運寺の山門。加藤家四天王のひとりに相応しい堂々とした風格のある山門である

二万石を没収、忠廣を出羽《でわ》庄内《しょうない》藩酒井忠勝《ただかつ》のもとに配《はい》流《りゅう》した。改易の理由については、忠廣が側室の子を幕府に無断で熊本に移したためだとか、当時さまざまに取り沙汰されたが、幕府の威光を改めて天下に誇示するために、豊臣恩顧の大大名《だいだいみょう》加藤家を血祭りに挙げたというのが真相のようである。この結果、飯田覚兵衛たち家臣団はみな禄《ろく》を失っている。

覚兵衛夫妻の眠る正運寺

寛永九年（一六三二）五月、禄を失った覚兵衛は熊本を離れて京へのぼった。そして、戦場であやめた多くの人たちの供養をしたいと、浄土宗の深誉上人《じんよしょうにん》に帰《き》依《え》して剃髪《ていはつ》、〈入道宗運《にゅうどうそううん》〉となった覚兵衛は、上人とともに一寺建立をはじめている。現在、中京区蛸薬師通大宮西入ル因幡《いなば》町にある〈正運寺《しょううんじ》〉である。

だが、覚兵衛は寺の落慶を見届けることができたのかどうか。上洛して来たその年の九月十八日に没していた。法名・欣浄院殿正誉天岳宗運大居士。年齢不詳。

脇壇の観音像に仲睦まじく寄り添っている厨子に納められた覚兵衛（右）と、その妻（左）の木像

町中の寺とは思えぬ広い境内である。正面に阿弥陀如来坐《あみだにょらいざ》像《ぞう》を安置した〈本堂〉が、右手に〈庫裡《くり》〉、左手に奈良長谷《はせ》寺《でら》の本尊と同木造《どうぼくづくり》という十一面観音像を安置した洛陽二十六番観音霊場札所の〈観音堂〉が立ち、本堂内の脇壇《わきだん》に寺の開《かい》基《き》となった飯田覚兵衛とその妻の木像を納めた二つの厨子《ずし》が睦まじく並んでいる。そして、境内の墓地の中央にも肥後熊本藩加藤家の四天王にふさわしい高さ二メートル余の巨大な五輪塔が二基並んで、覚兵衛とその妻が眠っていた。京の人たちとあまり関りがなかったためか、ひっそりとした佇《たたず》まいである。

観音堂横にある寺の鎮守社では〈飯田稲荷大明神〉となった覚兵衛が、静かに寺を見守っていた。

森本儀太夫と乗願寺

加藤清正の四天王のひとりに森本儀太夫という猛者《もさ》がいた。加藤家改易後、故郷京に帰って余生を送るが、子の右近太夫がカンボジアのアンコール・ワットを訪ねて帰国したため、嫌疑を恐れて息の詰まる生活を送っていた。

森本儀太夫の墓。天明大火で混乱、墓塔の一部が欠けている

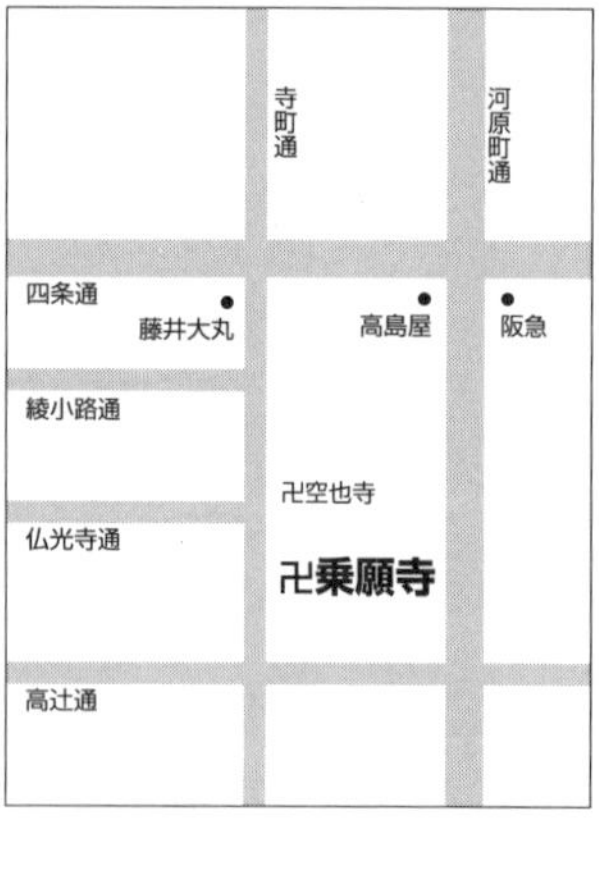

勇猛な武将森本儀太夫

肥後熊本藩の藩主加藤清正の四天王のひとりに飯田覚兵衛《いいだかくべえ》とともに、勇名を馳《は》せた武将に森《もり》本儀太夫《もとぎだゆう》がいた。幼い頃から清正に仕《つ》え、清正に随いて従軍をするうちに武功を重ね、天正十六年（一五八八）清正が藩主となって肥後に入国した際、天草本渡城《あまくさほんとじょう》の戦いで一躍名を挙げ、文禄《ぶんろく》二年（一五九三）の朝鮮の役では、晋州城《しんしゅうじょう》の攻撃で一番乗《いちばんの》りを果たすなど、覚兵衛に劣らぬ勇猛な武将であった。

電器街で賑わう寺町通に面して立つ乗願寺の山門。当初は天正4年仏光寺西町に建立されたが、天正19年豊臣秀吉の命でこの地に移り天明大火で類焼している

今日残る熊本城に、飯田覚兵衛は〈飯田丸《いいだまる》〉と名を冠《かん》した強固な砦《とりで》を遺しているが、儀太夫もまた〈儀太夫櫓《ぎだゆうやぐら》〉と呼ぶ城の櫓を遺していた。その儀太夫が、飯田覚兵衛と同じように京の町で眠っている。

熊本在住の知人から情報を得たわたしは、京の寺町電器街の真っ只中、下京区寺町通仏光寺《ぶっこうじ》下ルにある浄土宗《じょうどしゅう》の乗願寺《じょうがんじ》を訪ねていた。

熊本を去って京に帰る

森本儀太夫は、永禄《えいろく》五年（一五六二）京の山崎で生まれている。清正が肥後熊本に入国したとき、儀太夫は二十六歳。以来、藩主加藤家が改易される寛永九年（一六三二）の年まで四十四年の間、儀太夫は大半を熊本にいて動いていた。だが、禄《ろく》を失ったとき儀太夫は七十歳。生まれ故郷が懐かしく思い出されて来たようである。同じ四天王仲間の飯田覚兵衛と連れ立って京に戻って来たのかも知れない。儀太夫はそれから十九年京で余生を送り、慶安《けいあん》四年（一六五一）六月十一日に没していた。八十九歳。

住職から拝見させていただいた位牌《いはい》に「月窓院殿光誉道悦居士《こじ》」と、儀太夫の法名《ほうみょう》が刻まれている。ところが、その横に並んで、さらに別の法名が記されていた。

「どなたですか？」

このとき住職の口から突然飛び出して来た言葉に、わたしは混乱し、当惑《とうわく》した。

「アンコール・ワットへ行った右近太夫《うこんだゆう》です」

落書を残した儀太夫の子

なん年か前のことである。カンボジア最大の仏教寺院の遺跡アンコール・ワットで、江戸時代のはじめ、この地を訪れた日本人たちが、寺院の柱や壁に筆・墨を使って書き記したという落書跡が十四ヵ所も見付かっている。その中に唯一、日付と名前をきちんと書き記した十二行から成る墨書《すみがき》があった。

〈寛永九年正月、初めてこの地に来る。生国日本、肥州の住人藤原朝臣《あそん》森本右近太夫一房《かずふさ》、はるばる数千里の海を渡り、父森本儀太夫と老母の後生《ごしょう》を祈るために、ここに仏像四体を奉納

した〉（要約）

この墨書によって寛永九年（一六三二）カンボジアのアンコール・ワットを訪れた右近太夫とは、加藤清正の四天王のひとりといわれた森本儀太夫の子息であることが判明した。

そしてさらに、乗願寺の位牌によって、アンコール・ワットを訪れた右近太夫は、その後無事に日本に帰り着いて、「延宝《えんぽう》二年（一六七四）三月二十八日」に京で没していたことが明らかになった。

無事帰国した右近太夫

寛永九年（一六三二）正月、右近太夫がアンコール・ワットを訪れたその年五月、加藤家は改易された。そして翌寛永十年二月、幕府はキリシタン弾圧《だんあつ》のために鎖国令《さこくれい》を出して、海外渡航を禁止、密出国者は死刑、帰国者は極刑《きょっけい》にした。右近太夫はこの慌《あわただ》しい雰囲気の中を帰国して来たようである。乗願寺の位牌に刻まれた右近太夫の法名「月桂院殿応誉道感一信居士」の下に刻まれていた名は「森本佐太夫《さだゆう》」に変わっていた。右近太夫は渡航の事実をひた隠しにして父儀太夫生誕の地で、父とともに息をひそめて引き籠っていたようである。

本堂裏手にある墓地で儀太夫は眠っている。板碑《はんぴ》に似た大きな墓塔である。だが、右近太夫の墓は墓地にはなく、庫裏《くり》の中庭にある池のほとりで、まるで庭石のように半ば埋もれて、刻まれた法名の一部を覗《のぞ》かせていた。一族に累《るい》が及ばぬようにと、墓までが息をひそめて隠れていた。

前田利家の妻まつと大徳寺芳春院

豊臣秀吉とねね、前田利家とまつ。この二つの家族は新婚生活をはじめたときから、家族ぐるみの親密な付き合いをはじめている。

やがて秀吉は天下人に、利家は加賀能登百万石の大大名に。だが、秀吉と利家の没後、徳川家康の策謀で前田家に危機が迫るや、敢然と秀吉からもたらされた前田家の繁栄を、身を賭《と》して守り通した芳春院《ほうしゅんいん》まつ。

十五年の人質生活を終えた芳春院は、ねねに今生《こんじょう》の別《わか》れをしてから、あの世へと旅立っていた。

歴代藩主の霊屋（奥）と並ぶ芳春院の眠る霊屋（手前）

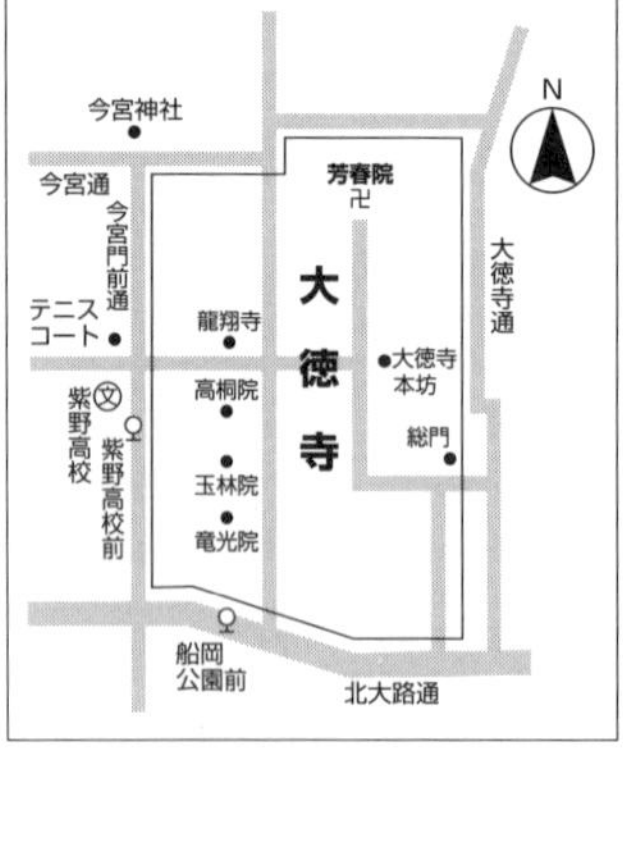

秀吉・ねねと家族の付き合い

前田利家の妻まつが生まれたのは天文十六年（一五四七）。そのまつが四歳のときに、母の妹が嫁いでいた前田家にもらわれていき、十二歳になった永禄元年（一五五八）、前田家の四男利家（当時二十一歳）と結婚する。

この前田利家と同い年の豊臣秀吉が、ねねと結婚したのは、それから四年経った永禄四年。当時、利家も秀吉も織田信長に仕えていて、確証はないが、秀吉とねねの結婚を媒酌《ばいしゃく》したのは、この利家とまつのふたりだったといわれている。そしてまたある一時期、この二つの家族は織田家の侍《さむらい》長屋《ながや》に隣り合って住んでいたともいわれている。いずれにしても家族ぐるみの付き合いをしていた、仲のよい者たちであったことは間違いない。

天下人となった秀吉は晩年、この前田利家を徳川家康・毛利輝元・上杉景勝・宇喜多秀家とともに五大老のひとりに任じて豊臣政権の大黒柱に据え、幼い秀頼の守り役として、後事をも託していた。

家康に屈服した嫡男利長

慶長三年（一五九八）秀吉が没したとき、前田利家は徳川家康と協力をして、秀吉没後の豊臣政権を支えていくつもりでいた。ところが、その翌年慶長四年閏《うるう》三月三日に、利家は大坂城内で病没してしまったのである。享年六十二歳。妻のまつはこのときから落飾《らくしょく》して芳春院《ほうしゅんいん》と

大徳寺の塔頭芳春院

称している。

だが、利家の死とともに豊臣政権内部に熾烈《しれつ》な内部抗争が勃発《ぼっぱつ》した。そして家康までが政権奪取に向けてカマ首をもたげはじめたのである。

利家の後を三十八歳になる嫡男利長《としなが》が継いで、五大老役、そして秀頼の傅《ふ》（守り役）となって大坂城内にいた。ところが、家康に威圧されて、城内に居づらくなった利長は、やむなく秀頼の守り役を放棄して領国金沢に帰っていく。

その留守に、突如家康暗殺計画がもちあがった。しかもその首謀者は利長であるという、まったく身に覚えのない密告である。利長はただちに弁明の使者を家康のもとに送った。このとき同じ嫌疑《けんぎ》を受けた細川忠興は、三男忠利を人質として江戸に送ることで一件落着、やむなく利長も母芳春院を人質に出すことで、家康に屈服してしまったのである。

利政の犠牲にもなった芳春院

慶長五年（一六〇〇）五月十七日、利家の妻芳春院は人質となって江戸へ向かった。五十四歳である。

出発にあたって芳春院は、利長に対して、「武士は家を立てることが第一。母を思うがために、家を潰すようなことがあってはならない。いざとなれば、我を捨てよ。」と、言い残して出立している。悲壮な覚悟である。

家康は五大老のひとり前田家を屈服させると、その鋒先《ほこさき》を会津の上杉景勝に向け、関ヶ原の戦いの発端となる会津討伐をはじめている。

このとき利長と弟利政のふたりは、揃って家康に従い会津討伐に向かっている。従順なふたりの様子に家康は至極満悦。芳春院の人質も短期間で解かれるかもしれないと、明るい噂が立ちはじめた矢先になって、関ヶ原の合戦が勃発した。利長は東軍家康方に加担した。ところが、利政は豊臣方に心を寄せ、病気を理由にして動かなかった。そのため、戦後家康は利政の所領能登七尾二十一万五千石を没収、芳春院もこのあと十五年間にわたって人質を余儀なくされてしまうのである。

加賀百万石の礎を築く

慶長十年（一六〇五）利長が隠居、家督を利家の四男利常が継いだ。その利常が徳川秀忠の娘珠姫と結婚、徳川家と結ばれたこともあって、危機に直面していた前田家に明るい光がさしはじめている。

芳春院も慶長十一年、あの北政所ねねが自らの菩提所高台寺を建立したのを聞いて、京の大徳寺山内に〈芳春院〉の建立をはじめ、能登総持寺を再建するなど、神仏への信仰を深めていく。

こうして芳春院が江戸での人質生活を終えたのは慶長十九年（一六一四）五月、子の利長が没したときである。だが、今度は三代藩主となった利常の生母千代保《ちよぼ》（利家の側室）が芳春院にかわって江戸に赴き、寛永八年（一六三一）六十二歳で没する年まで人質生活を送っている。加賀百万石といわれた前田家繁栄の陰に秘められた悲話である。

芳春院が金沢に戻るとすぐに大坂の陣が勃発、豊臣家が滅亡した。芳春院はそのほとぼりがさめるのを待って元和三年（一六一七）京にのぼり、高台寺に北政所ねねを訪ねて見舞い、昔話に花を咲かせている。そして嵯峨野に隠棲している利政を訪ねて金沢に帰ると、その年七月十六日、七十一歳の生涯を終えている。秀吉からもたらされた前田家の繁栄を、身を賭《と》して守り通したまつである。

京の四名閣のひとつ〈呑湖閣〉

大徳寺山内にある塔頭芳春院は、慶長十三年、芳春院まつが大徳寺の玉室《ぎょくしつ》宗珀《そうはく》和尚を開山に迎えて開創した前田家の菩提所。寺号はまつの法名芳春院殿花巌宗富大禅定尼に依る。

雅趣に富んだ呑湖閣のたたずまい

本堂背後にある二層の楼閣は、元和三年、京の医家横井等怡《とうたい》が小堀遠州に相談をして建立したという〈呑湖閣《どんこかく》〉。飽雲池《ほううんち》と呼ぶ池に打月橋《だげつきょう》が架かり、客殿と呑湖閣を結ぶ雅趣《がしゅ》豊かな景観で、金閣・銀閣・飛雲閣とともに京の四閣に数えられている。

境内に前田家の墓所があって、極彩色の豪華な霊屋には歴代藩主が、隣りに並ぶ質素な霊屋には、領国金沢から分骨されて来た芳春院が眠っている。

前田利家の側室と妙顕寺

前田利家の妻まつに仕えていた侍女の千代保《ちよぼ》が、利家の子を身ごもり四男利常を生んだ。だが、その子をめぐって千代保の人生は大きく変転、〈三代藩主利常公御生母〉に納まったものの、今度は江戸に人質となって送られていた。

変転を繰り返す運命の悪戯《いたずら》に、千代保は熱心な日蓮宗の檀信徒となって心を癒し、能登の妙 成寺《みょうじょうじ》の諸堂を修復するなど保護の手を差しのべたばかりか、京都の妙顕寺にも見事な〈寿塔《じゅとう》〉を遺《のこ》されていた。

妙顕寺の本堂。本堂前に立っている異形の石灯籠は〈妙顕寺形灯籠〉と呼ばれている珍しい灯籠である

利家の子を身ごもった千代保

文禄元年（一五九二）の朝鮮の役の際、前田利家は前田隊八千を引き連れて、肥前名護屋《ひぜんなごや》（佐賀県鎮西町《ちんぜいまち》）に着陣した。

熾烈《しれつ》な戦闘が繰りひろげられている海の向こうの最前線と違って、肥前名護屋は後方の兵站《へいたん》基地である。名護屋城に在城している豊臣秀吉は、早くも時間を持てあまし、在陣の武将たちを集めて茶の湯や能に明け暮れていた。その上、側室の淀殿を呼び寄せたばかりか、武将たちにも妻女を呼ぶようにすすめていた。

このことを聞いたまつは、利家の身の回りの世話をさせるために、まつの侍女千代保《じじょちよぼ》（千世とも）を肥前名護屋に差し向けていた。

当時、利家は五十五歳、千代保は二十二歳。まつはまさか利家が、自分の娘と同じ年頃の千代保に手を出すとは思わなかった。

ところが翌年、千代保は利家の子を身ごもって金沢に戻って来たのである。

たった一度父と対面した利常

千代保は元亀元年（一五七〇）越前で生まれている。父は朝倉義景《よしかげ》の家臣上木新兵衛《うえきしんべえ》、母は同じ朝倉の家臣山崎右京《うきょう》の娘。ところが、父が没したために、母は小幡《おばた》九兵衛のもとに千代保を連れて再婚した。そしていつの頃からか千代保はまつの侍女となって前田家に仕えていた。

京都上京にある妙顕寺は日蓮上人に近侍していた日像上人が、日蓮上人の遺命で京都に開いた日蓮宗の最初の道場である

懐妊《かいにん》して金沢に戻って来た千代保は、その年文禄二年（一五九三）十一月二十五日、金沢城内で利常（幼名猿千代《さるちよ》）を生んだ。利家の四男である。

だが、生まれるとすぐに利常は母千代保から引き離されて、越中守山（富山県高岡市）に住む前田長種のもとで養育されている。長種の妻は利家の長女幸《こう》（当時三十四歳）である。

この利常が父利家にはじめて対面したのは、慶長三年五歳のとき。この年四月、利家は家督を嫡男利長に譲って隠居すると、上野《こうずけ》（群馬）の草津温泉に湯治に出かけている。そして一ヵ月後、草津からの帰途、利家は越中の今石動《いまいするぎ》で利常に対面した。これが最初で最後の対面であった。

藩主の御生母となった寿福院

利常と対面した翌年慶長四年、利家が病没した。側室の千代保は落飾して寿福院《じゅふくいん》となった。が、このときから寿福院の身辺はめまぐるしく変わった。

翌五年、芳春院（まつ）が徳川家康の人質となって江戸に赴き、関ヶ原の合戦では七歳の利常が西軍丹羽長重《ながしげ》の人質となって加賀小松に送られていった。ところが翌六年、家康によって利常が突然秀忠の娘珠姫《たまひめ》（三歳）と結婚、二代藩主利長の後継ぎに決まった。そして慶長十年（一六〇五）には、利常が正式に前田家の家督を継いで三代藩主に納まっていた。側室の千代保はいつの間にか〈藩主の御生母〉である。

あまりの変貌《へんぼう》ぶりに、寿福院は日頃帰依《きえ》していた日蓮宗への信仰をより一層深めていった。慶長八年、寿福院は利家が天正十年（一五八二）に保護の手を差しのべたままになっていた能登の日蓮宗妙成寺《みょうじょうじ》（石川県羽咋《はくい》市滝谷町）を自分の菩提所と決めて、本堂、五重塔、三十番神堂、祖師堂など、寺内の重要な建物をこの年から歳月をかけて、つぎつぎと建立し寄進し続けていくのである。

江戸で家康の側室と知り合う

慶長十九年（一六一四）五月、隠居していた先代藩主利長が病没した。このとき寿福院に思わぬ事態が出来《しゅったい》した。芳春院に代わって人質となり、江戸に赴くことになったのである。芳春院は藩主利長の生母として人質を余儀なくされたが、利長が没したため、今度は藩主利常の生母寿福院が人質とされたのである。寿福院四十五歳のときである。

江戸にくだった寿福院は、このときを最後に二度と加賀に戻ることはなかった。だが、幸いなことに寿福院は江戸で家康の側室養珠院《ようじゅ》（お万《まん》の方）と知り合い、親交がはじまっていた。

養珠院は、のちに〈徳川御三家〉となる紀州和歌山五十五万五千石の頼宣《のぶより》と、水戸二十八万石（のちに三十五万石）の頼房《よりふさ》のふたりの生母である。

この養珠院と寿福院が出会ったのは江戸の池上本門寺《いけがみほんもんじ》（日蓮宗）と推測されている。養珠院もまた熱心な日蓮宗の檀信徒で、承応《しょうおう》二年（一六五三）八月に没したとき、この池上本門寺に葬られていた。

妙顕寺境内に立つ寿福院寿塔

一方の寿福院は江戸で十七年間の人質生活を送り、寛永八年（一六三一）三月六日、江戸の加賀藩前田屋敷（現東大赤門の地）で没していた。享年六十二歳、寿福院華嶽日栄大姉。

遺体は池上本門寺で火葬に付されたあと、金沢の城下にある経王寺《きょうおうじ》（日蓮宗）に移されて盛大な葬儀（葬送式）が営まれ、この経王寺と能登の妙成寺に分骨埋葬されている。

本堂の裏手、客殿前に立っている巨大な寿福院寿塔

　京都の上京にある妙顕寺は、京都に開かれた日蓮宗の最初の道場で、寿福院が修復に力を注いだ能登の妙成寺の本寺にあたった。そのため寿福院は六十歳の年を前にした寛永五年（一六二八）妙顕寺境内に〈寿塔《じゅとう》〉を建立した。いまも本堂の裏手、客殿前の一角に高さ十メートルもあろうかという巨大な石塔がそびえ立っている。基壇の石に「加越登三州大守御母堂」「寿福院日栄」と刻まれた見事な〈寿福院寿塔〉である。

方広寺大仏殿と焼失の記録

奈良の東大寺大仏殿をひと回りも大きくしたという巨大な方広寺大仏殿は、豊臣家ばかりか、京の町衆たちにとっても自慢の大仏殿であった。

ところが、秀吉建立の大仏殿を焼失した後、秀頼によって再建されるが、落慶《らっけい》の日を目前にして豊臣家は徳川家康の奸計《かんけい》にはまって滅亡する。

その後、豊臣家の遺構《いこう》となった大仏殿は、寛政十年、奇しく秀吉の二百回忌の年に落雷によって焼失、この世から姿を消した。

最初の本尊大仏は寄せ木造り

天正十六年（一五八八）五月十五日、京の町は方広寺大仏殿の地鎮祭《じちんさい》に沸き立っていた。豊臣秀吉が鴨川の東に、奈良東大寺の大仏殿に匹敵する巨大な大仏殿を建立しようというのである。

京の町々から地鎮祭を祝って四千人を超える町衆たちが笛や太鼓を打ち鳴らして次々と繰り出し、秀吉も餅や酒の振る舞いを行っている。

ところが、このあと、小田原の北条討伐などがあって工事は遅れた。立柱式が行われたのは三年後の天正十九年五月二十日。そして、このあとも朝鮮の役があって工事を中断したために、竣工したのは地鎮祭から七年経った文禄四年（一五九五）九月であった。

当初の計画では殿内に納める大仏は金銅製の大仏であったが、工事の遅れを取り戻すために、表面に漆喰《しっくい》を塗り、金箔《きんぱく》を貼り、彩色を施したという寄《よ》せ木造《ぎづく》りの木造大仏であった。

秀吉建立の大仏殿焼失

東山の緑を背にした巨大な大仏殿は、たちまち京の名所となり評判となった。だが、落慶してからわずか一年経った慶長元年（一五

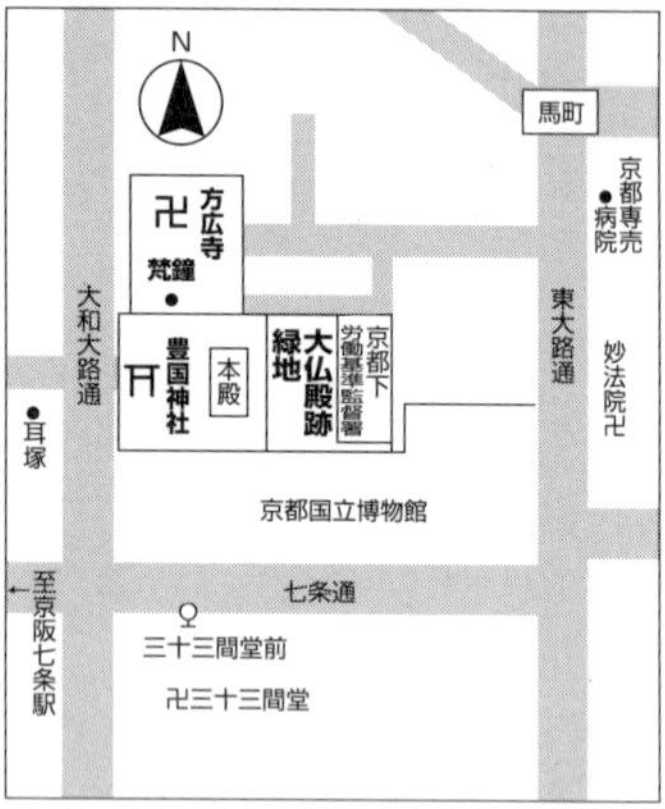

九六）閏《うるう》七月十三日、突如大地震に見舞われ、大仏殿の建物自体に被害はなかったが、高さ四十八mという巨大な本尊大仏が寄せ木造りであったために、左手や胸の一部が崩れ落ち、継ぎ目の部分がことごとく緩んで、金箔がひび割れていた（『義演准后日記』）。

そこで、無残な姿となった大仏を解体して、急きょ長野より善光寺如来《にょらい》を迎えたが、秀吉の容態急変などもあって、わずか一年ほどで善光寺に送り返していた。

本尊大仏もない空漠とした闇の広がる堂内に、今度は金銅製の大仏をと、秀吉の遺志を継いで秀頼が再建に着手したのは慶長四年（一五九九）五月である。

大仏殿内で鋳物師《いものし》たちが大仏の鋳造《ちゅうぞう》をはじめていた。ところが完成間近かとなった慶長七年十二月四日、鋳物師の不始末によって大仏の左の膝の部分から溶解《ようかい》して金湯《かなゆ》が流れ出し、大仏殿を火に包んでしまったのである。

いまも残されている巨大な石垣が方広寺大仏殿の壮大さを偲ばせている

京の町衆たちは、突如吹きあがった紅蓮《ぐれん》の炎を見て、みな口を袖《そで》で覆って、ただ茫然《ぼうぜん》と見つめていたと『鹿苑日録《ろくおんにちろく》』は伝えている。

秀吉が建立した大仏殿はこのとき焼失してしまったのである。

秀頼のせっかくの再建が…

秀吉建立という自慢の大仏殿を失って京の町衆たちは落胆《らくたん》した。京の町になくてはならない〈風景〉であった。

秀頼は徳川家康に勧められたこともあって、慶長十三年（一六〇八）の暮れの頃から再び大仏殿の再建準備に取りかかっている。そして慶長十六年六月十二日にようやく地鎮祭を執り行い、八月二十二日に立柱式があって、ふたたび東山の地に大仏殿の巨大な姿が出現した。

間口（桁行《けたゆき》）約九十三m、奥行（梁行《はりゆき》）約五十八m、高さ約五十二mという、奈良の東大寺大仏殿をひと回りも大きくした巨大な大仏殿内に、高さ約六・四m、径約十六・四mの蓮華台《れんげだい》があり、その上に高さ約十三・三mの盧遮那仏坐像《るしゃなぶつざぞう》が座っていた。

そして慶長十九年四月十六日、最後の工事となった梵鐘《ぼんしょう》も鋳造されて、六月二十八日に鐘楼に釣り下げられ、あとは開眼供養《かいげんくよう》の日を待つばかりとなった。その矢先になって突如梵鐘に刻まれていた「国家安康」「君臣豊楽」の銘文《めいぶん》をめぐって家康が無理難題を言い出し、この鐘銘《しょうめい》事件が発端となって大坂の陣が勃発《ぼっぱつ》、慶長二十年五月八日、大坂城が落城して豊臣家は滅亡してしまうのである。

豊臣家滅亡の引き金となった方広寺大仏殿の梵鐘。鐘楼は明治17年に再建された。創建当時は現京都国立博物館の西門のあたりにあった

落雷で姿を消した大仏殿

豊臣家滅亡後、大仏殿も梵鐘も残されていた。ところが、それから五十年ほど経った寛

方広寺大仏殿の遺跡保存のために設けられた〈大仏殿跡緑地〉公園。発掘調査で出現した大仏殿の遺構の数々が埋め戻しされ、埋蔵されている

文二年（一六六二）、大地震が京都を襲い、幸い大仏殿に被害はなかったが、金銅大仏の肩の一部が「破レ裂ケ」、修復不能の上、頭部崩落の危険があった。そのため、金銅大仏を取り潰《つぶ》して木造大仏に替えることになり、このとき鋳潰《いつぶ》した銅で銭貨が作られたことはあまりにも有名である。

　ところが、それから百二十年ほど経った、秀吉二百回忌の年に当たった寛政十年（一七九八）七月二日、秀頼が再建した大仏殿は落雷によって炎上してしまうのである。そのときの模様を、『甲子夜話《かっしやわ》』は、つぎのように伝えていた（要約）。

「（七月一日）夜半すぎより雷声起り、八《や》つ頃（午前二時）に至り殊《こと》に烈《はげ》しく、雷、殿の西北の隅《すみ》、二重屋根の間に落ちて、雷火軒下《のきした》の垂木組物《たるきくみもの》のところに燃えつき、火の手揚《あが》りたるにつき、火消《ひけし》の人駆けつけたれど、巨殿の高所なれば梯子《はしご》も竜吐水《りゅうどすい》も一切とどかず。空しく右往左往するうちに、大仏殿の屋根裏一面に火満ちて、屋外に火吹き出し、大仏殿一時に燃え挙《あ》がれり。仏の大像もかの猛炎の中にともに燃え居たり。そして、遂に二重屋根は四《よ》つ半《はん》（午前十一時）のほどに焼け落ち、九《ここの》つ半《はん》（午後一時）すぎには大殿も同じく焚《や》け崩れたり。そして仁王門・回廊へも火移り、これらも追々《おいおい》焼亡せり。」

　秀吉の遺志を継いで秀頼が再建した大仏殿は、このときの落雷によつて東山の地から姿を消してしまったのである。

　このあと、天保年間（一八三〇〜四四）に〈半身《はんみ》の像《ぞう》〉を納めた、大仏殿とは名ばかりの堂が建てられるが、昭和四十八年（一九七三）三月二十八日、練炭火鉢の不始末によってまたもや焼失する。

秀吉とその一族編

豊臣秀吉と阿弥陀ヶ峰

貧しい農民の子が織田信長に仕えて立身出世、やがて天下を統一して関白・太閤にまでのぼり詰めていく豊臣秀吉のサクセスストーリーは、実に波瀾万丈・痛快無比のドラマである。

ところが、いったん没するやいなや、生前の栄光とはうらはらに、秀吉ばかりか一族の者たちまでが悲惨な出来事に見舞われていた。京の町で拾い集めた秀吉とその一族の知られざる悲話である。

旧豊国社の跡地に立つ簡素な拝殿。この拝殿奥から秀吉の眠る山頂に向かって石段が駆け上がっている

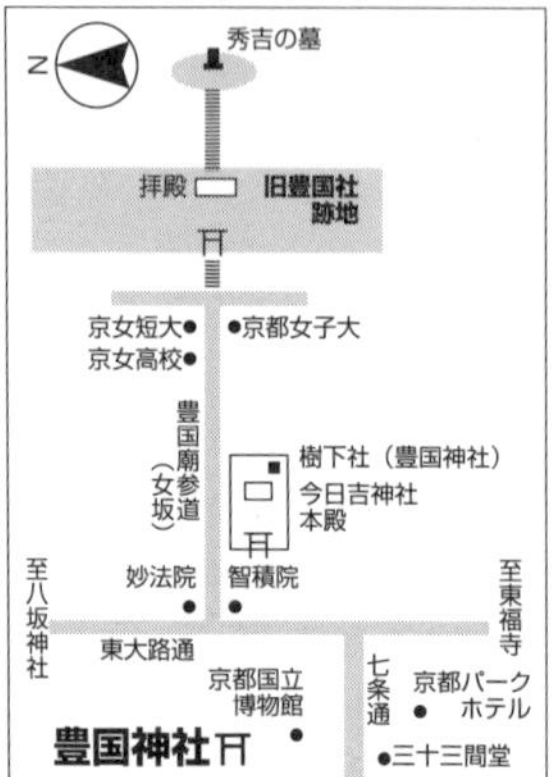

豊国廟参道入り口

神となった豊臣秀吉

天下の統一を成し遂げた豊臣秀吉は、慶長三年（一五九八）八月十八日に伏見城で六十三歳の生涯を終えている。

このとき秀吉の柩《ひつぎ》はその日のうちに伏見城から運び出されて、京の東山にある方広寺大仏殿の裏手、阿弥陀《あみだ》ヶ峰に埋葬されている。そして翌年、この墓所の西の麓に〈豊国社《とよくにしゃ》〉が創建されて、秀吉は〈豊国大明神《とよくにだいみょうじん》〉の神号で神となって祀《まつ》られていた。天下人秀吉にふさわしい豪壮華麗な神廟《しんびょう》であった。

方広寺大仏殿の裏手に豊国社の入り口を示す二層の楼門があって、ここから長い坂道の参道が一直線に阿弥陀ヶ峰に向かっている。この坂道の参道の両側には、秀吉の軍師といわれた黒田官兵衛や前田玄以・長束正家など、豊臣家の重臣たちの屋敷が、まるで秀吉の神廟を守護するかのように土塀を連ねて並んでいた。豊国社の外苑部である。

そして、この参道をのぼり詰めたところに一段高く中門があって、見事な回廊がめぐってい
た。この回廊で囲まれた広大な神廟内苑内に、本殿や舞殿、神宝殿など華麗な社殿が整然と並
んでいた。そして、本殿背後の阿弥陀ヶ峰の山上に、秀吉の柩を納めた宝形造《ほうぎょうづく》りの廟堂があ
った。秀吉は眼下に広がる豊国社の社頭のにぎわいを耳にしながら、心地よい眠りについてい
たはずである。

家康破却の定説の間違い

ところが、慶長二十年（一六一五）大坂夏の陣で徳川家康は豊臣家を倒すと、秀吉の眠るこの豊国社に対して、非情にも全面取り潰しの沙汰を下している。

ところが、当時豊国社の別当《べっとう》（執事長）であった神龍院《しんりゅういん》梵舜《ぼんしゅん》の日記『舜旧記《しゅんきゅうき》』などによって、意外な事実が判明した。秀吉の正室であった北政所《きたのまんどころ》ねねが家康に直接嘆願をして、この沙汰に変更が起こっていたのである。

北政所にとって豊国社は夫秀吉の眠る菩提所《ぼだいしょ》であった。北政所は自らの菩提所として東山に高台寺を建立した後も熱心に豊国社に参詣、豊国社を援助するのと同時に、山上の廟堂を訪れて、夫秀吉の冥福を祈り続けていた。

北政所はこの破却の沙汰を聞くと、すぐさま二条城に駆けつけていき、家康に「あながちの」嘆願を行っている。この結果、家康は「社頭全面破却」の沙汰を撤回、外苑部分を取り潰しただけで、秀吉の眠る山上の廟堂をはじめ、本殿などの建ち並ぶ内苑部分は、そのほとんどが残

されていたのである。家康破却の定説は間違いであった。

盗掘され、野晒《のざら》しとなって

北政所の懸命な嘆願によって、豊国社は後世にまで残されていくはずであった。

ところが、それから四年たった元和五年（一六一九）、家康から新たに方広寺大仏殿の住職に任じられた妙法院によって私的に破却されてしまい、豊国社は山上の廟堂だけを残して、跡形もなく阿弥陀ヶ峰から姿を消してしまったのである。

明治31年に再興された秀吉の墓（阿弥陀ヶ峰山頂）

だが、阿弥陀ヶ峰の山頂にひとりぽつねんと取り残されていた秀吉の廟堂も、元禄十年（一六九七）秀吉の百回忌を迎えたときには、盗賊たちが廟堂の床板を破って床下の石室内に侵入、埋納されていた「甲冑《かっちゅう》・太刀・黄金」などの副葬品のすべてが持ち去られてしまっていた。（『定基卿記《さだもときょうき》』）

そして延享四年（一七四七）、秀吉の百五十回忌のときには妙法院によって廟堂の建物を取り崩されてしまい、石室も埋め戻されて、秀吉の廟墓は無惨にも野晒し、雨晒しとなってそのまま荒れ果てていき、明治維新を迎えたときには、廟墓とおぼしきあたりに数個の石が転がっていただけである。

巨大な五輪塔に復活

東山七条のバス停の近く、妙法院と智積院の土塀にはさまれた脇道の入り口に、〈豊国廟参道〉と彫られた石標が立っている。かつての豊国社の入り口で、ここから東へ、阿弥陀ヶ峰に向かって長い坂道の参道がのぼっている。今では喫茶店・食堂が立ち並び、京都女子大学や付属の女子高校などが点在していて、武将の屋敷が軒を連ねた往時の面影は失われてしまっている。

そして、突き当たりの石段上の中門跡には、石造の鳥居が一基わびしく立っていて、その奥に、柱を立てて銅葺きの屋根をのせただけの簡素な拝殿がたたずんでいる。あたりは一面広漠とした空き地だが、かつて本殿や舞殿など華麗な社殿が建ち並んでいた豊国社内苑部の跡地である。そして、この簡素な拝殿の向こうに五百六十三段という急峻な石段が阿弥陀ヶ峰の山頂に向かって一直線に駆けのぼっている。

この石段をのぼり詰めた山頂に、高さ約十ｍという巨大な五輪塔が据わっていた。明治三十一年（一八九八）秀吉の三百年祭のときに修築された秀吉の墓塔で、秀吉はここから変わり行く京都の街並みを見下ろしながら、いま静かに眠っていた。

秀吉の母と大徳寺天瑞寺

数年前に放映されたNHKの大河ドラマ『秀吉』。その中で市原悦子が演じた秀吉の母なか。いつもしょいこや籠を背負い、手に大根をぶら下げて、一家を支えるために懸命に働いていた秀吉の母。

その母のために、天下人となった秀吉は弟の秀長とともに一大寺院を建立した。贅《ぜい》を尽くした見事な寺である。

ところが明治維新後、寺は無残にも売却されて金に替えられ、跡地に野晒《のざら》しとなった墓だけが残されていた。

秀吉の生母大政所なかの眠る大徳寺天瑞寺（現在は龍翔寺となっている）

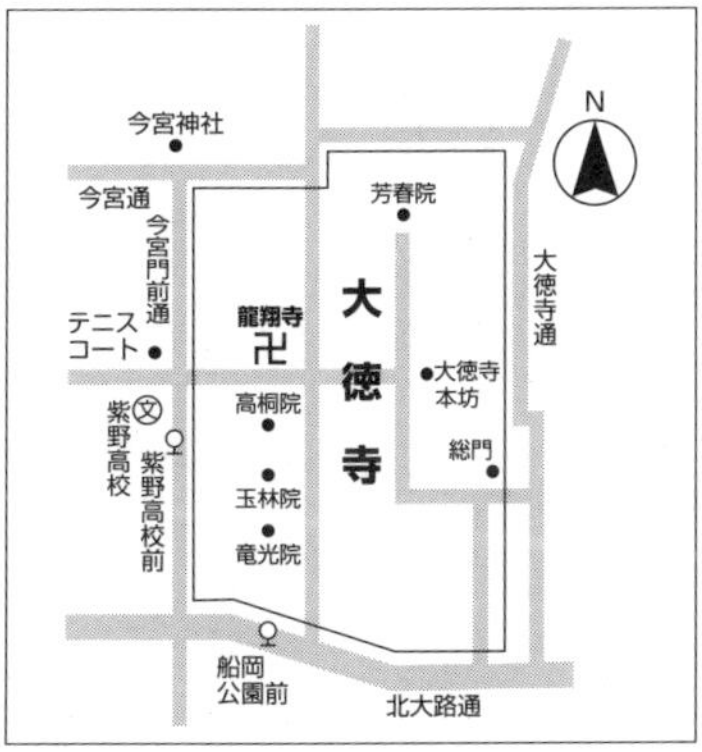

一家を支えた秀吉の母

通説によると、秀吉の母なかは、最初百姓をしていた弥右衛門《やえもん》と結婚をして、秀吉と秀吉の姉とものふたりを生んでいる。

ところが、あるとき戦に狩り出された弥右衛門が傷を負い不自由な体となってしまったために、なかは夫ばかりか、ふたりの子供を育てるために野良に出て懸命に働いていた。

ところが、秀吉八歳のときに、その傷がもとで弥右衛門が没してしまい、やむなくなかは同じ村に住む竹阿弥《ちくあみ》と再婚、小竹《こたけ》・旭《あさひ》という一男一女を生んでいる。秀吉にとっては異父弟妹たちである。

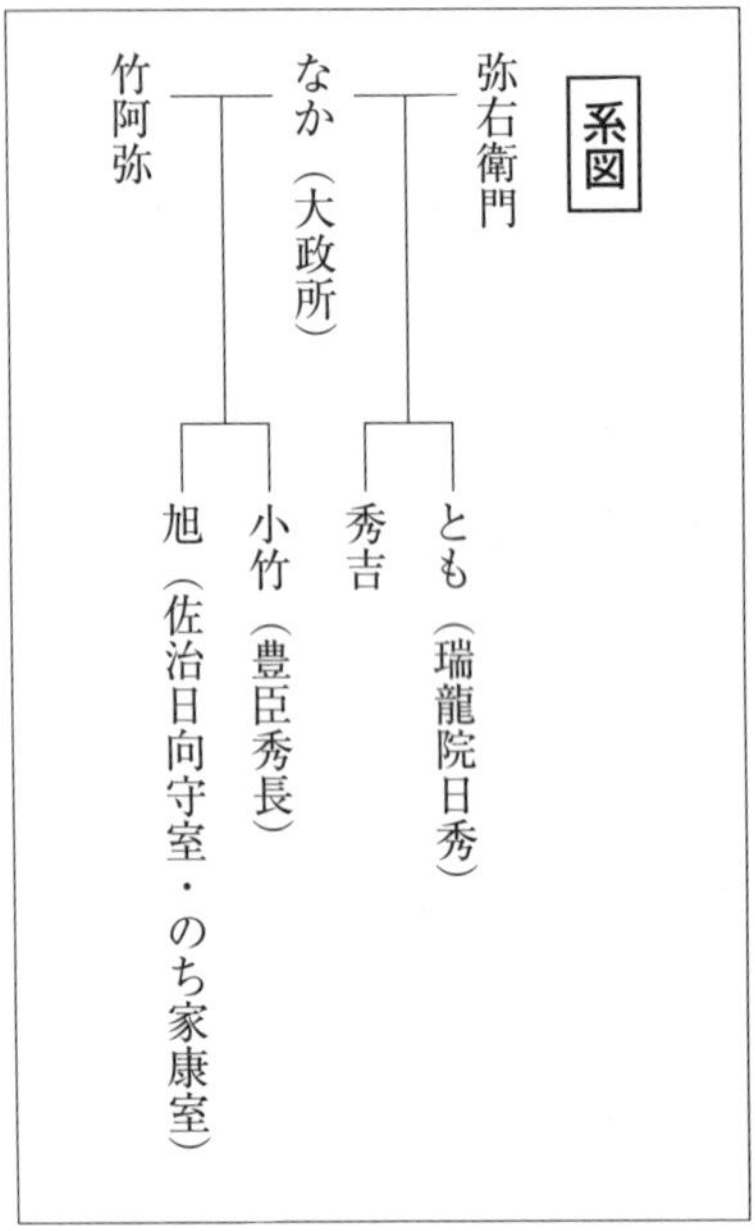

再婚はしたものの、竹阿弥はもと織田信長の父信秀に仕えた同朋衆《どうぼうしゅう》のひとり。茶の湯やお伽《とぎ》に明け暮れていて、とても野良仕事などできる男ではなかった。そのため、なかは一家を支えるために、相も変わらず朝早くから夜遅くまで野良に出て働いていた。

城内につくられていた畑地

継父《ままちち》竹阿弥と折り合いが悪く、家を飛び出していた秀吉が、主君織田信長から長浜城を与えられて、待望の一国一城の主となったのは天正二年（一五七四）秀吉三十八歳のときである。

このとき秀吉は、再婚したがまたしても夫竹阿弥と死別してしまっている年老いた母を、郷里の尾張から長浜城に引き取っている。なか六十二歳のときである。

だが、終日野良仕事に明け暮れしていたなかである。城主の母堂として長浜城に迎えられたが、美しい衣裳を着せられ、侍女たちにかしずかれた生活など、とても性に合わなかったようである。なかは秀吉に頼んで、城内に畑地を設けてもらうと、またしても野良仕事をはじめている。

そして、天正十一年（一五八三）大坂城に移り、二年後の天正十三年に秀吉が〈関白〉となり、このときなかにも〈大政所《おおまんどころ》〉の尊号が贈られたというのに、公式の行事でもないときには、なかは城内に設けられた畑地に赴いて、相も変わらず野良仕事を続けていた。

生前に建立された天瑞寺

日頃野良仕事に精を出していたためか、なかはかなり健康だったようである。だが、天正十四年（一五八六）の夏、暑気にあたって霍乱《かくらん》を起こした頃から体力も急速に衰えていき、天正十六年（一五八八）六月、なかははじめて大病を患っていた。年も七十六歳、死期を感じ取ったのか、かなり弱気にもなっていたようである。

病床にいたなかは、そろそろ死後の棲み家を用意しておいてほしいと、秀吉に懇願した。秀吉はただちに大徳寺黄梅院《だいとくじおうばいいん》の玉仲和尚《ぎょくちゅう》に相談をして、主君織田信長の菩提所総見院《ぼだいしょそうけんいん》の西隣りに母の菩提寺を建立することを決め、弟の豊臣秀長（小竹）を本寺建立の普請奉行に、その子秀保（養子・秀吉の姉ともの子）を庫裡造営の奉行に命じて、昼夜突貫で造営工事に当たらせている。

堂宇のすべてが竣工したのは、二ヶ月後の八月である。ところが不思議なことに、寺の竣工と同時になかの病気も平癒してしまっていた。秀吉はこの奇瑞《きずい》を喜び、母を伴って落慶式《らっけいしき》に臨むと、このとき授かった〈天瑞寺殿春岩宗桂大禅定尼〉の法号に因《ちな》んで、寺の名を〈金鳳山天瑞寺《きんぽうざんてんずいじ》〉と名付けていた。

狩野永徳《かのうえいとく》が描いた障壁画

大政所なかが没したのは、それから四年経った天正二十年（一五九二）七月二十二日。行年八十歳である。

ところが、このとき秀吉は肥前名護屋《なごや》にいたために、母の臨終に間に合わなかった。そのため秀吉は「悲嘆の余りに絶入りて人心地なく」「名残り惜しく悔むことしきり」であったと、古記録は伝えている。

葬儀が大徳寺で営まれたのは八月六日、翌七日遺体は蓮台野《れんだいの》で火葬に付され、遺骨はこの年二月に出来上ったばかりの天端寺の墓塔（寿塔）の下に埋納されていた。

天瑞寺は天下人となった秀吉が、母のために弟の秀長とともに建立した寺である。そのため堂宇は華美壮麗をきわめ、とりわけ方丈の建物は桁行《けたゆき》十八間《けん》、梁行《はりゆき》二十間という巨大な殿舎で、各部屋の総金貼りの襖《ふすま》には狩野永徳が腕を振るった極彩色の草花・花木の絢爛《けんらん》たる障壁画が描かれていた。美しい寺であったに違いない。

無残にも引き離された華麗な廟堂（写真：横浜　三渓園提供）

身ぐるみはがれ野晒しとなって

ところが、明治二十年代のはじめ、歴史学者湯本文彦がこの寺を訪れたとき、寺は跡形もなく消えていた。明治十一年（一八七八）四月、大徳寺は困窮のあまり、この寺を売却して金に替えてしまっていたのである。そして三千五百坪を越える広い境内の奥に、大政所の寿塔を納めた二間四方の廟堂《びょうどう》だけが残されていた。だが、その廟堂の中には、無法にも野宿者が住みついていた。見かねた湯本文彦は、寺僧を呼んで厳重な管理を要望した。ところが、大政所の

龍翔寺内で野晒しとなっている大政所の墓

三百回忌にあたった明治二十四年（一八九一）、大徳寺はこの廟堂の建物を「弐拾《にじゅう》円」で売却してしまっていた。

いま天瑞寺の跡地には、大徳寺の境外塔頭であった龍翔寺《りゅうしょうじ》が昭和初年の頃から移されていて、広い境内の西北の一隅に大政所の遺骨を納めた寿塔だけが、野晒しとなってひとりぽつねんとたたずんでいた。あまりにも侘しい、あまりにも残酷な風景である。

売却された廟堂は、その後各地を転々、現在神奈川県横浜市本牧にある、名勝庭園で知られた〈三溪園《さんけいえん》〉内に移築されていて、〈旧天瑞寺寿塔覆堂《じゅとうおおいどう》〉（重文）と名づけられて大切に保存、公開されている。

秀吉の弟秀長と大徳寺大光院

兄秀吉の口車に乗せられて無理矢理侍《さむらい》となった弟秀長。だが、秀吉とともに戦場を駆けめぐるうちに、よき助言者・補佐役となって兄を支えていく。

天下人となった秀吉の立身出世によって、秀長も〈大和大納言《やまとだいなごん》〉と呼ばれ、大和郡山《こおりやま》城主として大和・和泉《いずみ》・紀伊《きい》三国に君臨する。

だが、郡山豊臣家は二代十一年で廃絶。荒れ果てていく秀長の墓をみて、旧家臣の藤堂高虎《とうどうたかとら》が京に移していた。

大和郡山から移されてきた大徳寺塔頭大光院

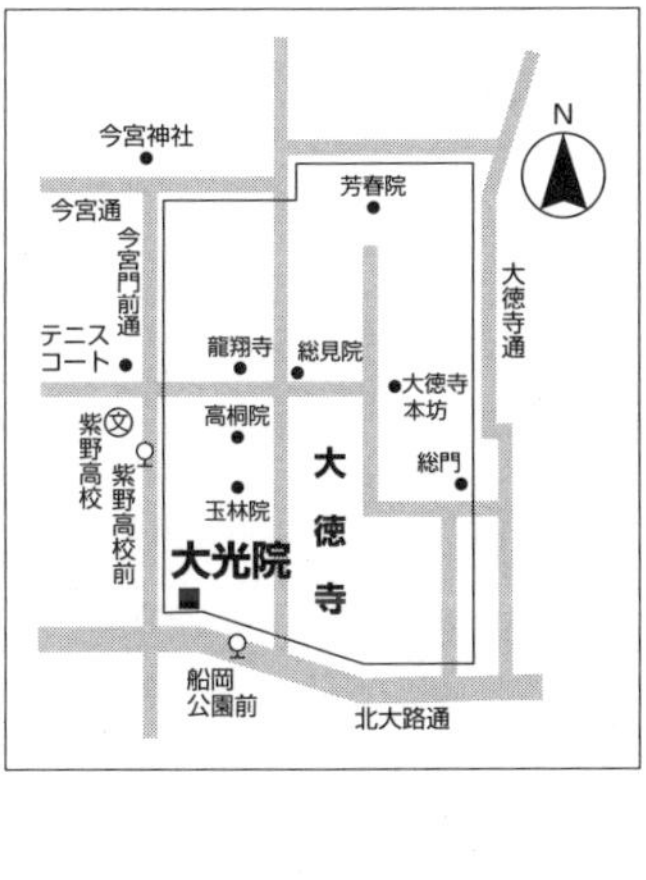

兄秀吉に誘われて侍の道へ

兄が家を飛び出していたため、弟の小竹《こたけ》は幼い頃から母を助けて、終日野良仕事に明け暮れていた。

ところが、あるとき侍となって戻って来た兄が、小竹を捕まえてはしがない百姓など辞めて侍《さむらい》になれと説得した。はじめは母の顔色を窺《うかが》って聞き流していたが、戻って来るたびに、少しずつ羽振りのよくなっていく兄をみて、小竹もとうとう母を置いて、侍の道に飛び込んでいた。このときから小竹は兄を見習い、兄の手足となって戦場を駆けまわり、次第に兄のよき助言者・補佐役となって、多くの人たちから信望が寄せられていく。

こうして天正十三年（一五八五）兄が天下を統一、〈豊臣秀吉〉を名乗って天下人となると、この弟小竹も、通称小一郎《こいちろう》の名を〈秀長〉に改めていた。

大和大納言豊臣秀長の誕生

秀長は秀吉に従《つ》いて従軍、秀吉が播磨《はりま》を平定すると、秀長がその地の領主となって姫路城に入り、秀吉が但馬《たじま》を平定すると、秀長が但馬出石《いずし》城に移って、その地の経営にあたっていた。そして、秀吉とともに紀州討伐に赴き、その地を平定すると、秀吉は秀長に紀伊《きい》・和泉《いずみ》を与え、秀長は岡山（現・和歌山）に領国経営のための築城をはじめている。

そしてさらに、天正十三年四月の四国討伐では、秀吉に代わって秀長が討伐軍を指揮、わず

本堂の正面に古渓宗陳和尚の木像を安置、その左手に豊臣秀長の木像と位牌が祀られている

か五十日で四国平定という輝かしい戦功を挙げていた。

秀吉は弟のこの思わぬ働きを喜び、秀長にさらに大和の地を与え、大和・和泉・紀伊三国百万石の領主に任じ、大和郡山城を与えていた。

秀長は秀吉に似て、人なつこい、情味豊かな人物であったといわれている。二年後の天正十五年八月、〈大納《だいな》言《ごん》〉に叙任《じょにん》されてからは、〈大和大納言〉の愛称で呼ばれ、秀吉の補佐役・助言者となって豊臣政権を支えていた。

秀長の死と大光院創建

天正十八年（一五九〇）三月、秀吉は京を立って小田原討伐に向かった。このとき秀長は京にいたが、患《わずら》っていた。秀吉は心配のあまり、病床の秀長をなんども見舞ってから出陣したが、幸いにも秀長の病気はいったん平癒して大和郡山に戻っていた。

ところが十月、秀長の病いは再発した。小田原を討伐し、奥州を平定した秀吉は、九月に京に戻っていたが、早速大和郡山に駆けつけて来て、秀長を見舞っている。

そして奈良の春日大社に五千石を寄進して病気平癒を祈願、京に戻ると、洛中洛外の諸社寺にも祈祷を命じている。

だが、秀吉の願いも空しく、秀長は年が明けた天正十九年（一五九一）一月二十二日、大和郡山城で没していた。享年五十一歳。

葬儀は秀吉が段取り、一月二十九日、織田信長の菩提所である京の大徳寺総見院から住職の古渓宗陳《こけいそうちん》和尚を導師《どうし》に迎えて盛大に執り行っている。法名・大光院殿前亜相春岳紹栄大居士。墓所は城下の箕山《みのやま》に築かれ、古渓宗陳和尚によって菩提所大光院が開かれていた。

郡山豊臣家は二代十一年で廃絶

ところが、である。没した秀長にはふたりの娘が生まれていたが、跡継ぎがいなかった。そのため、秀吉・秀長の姉で、関白秀次の生母であるともの三男秀保《ひでやす》を養子に迎えていた。〈大和中納言《ちゅうなごん》〉と呼ばれていたこの秀保が、秀長の跡を継いだのは十三歳のときである。ところが、「生来暴慢《ぼうまん》で身治まらず」悪疾《あくしつ》にも冒《おか》されていたため、文禄四年（一五九五）四月十六日、大和の十津川温泉で病気療養中、誤って断崖から転落、事故死してしまったのである。

秀吉は秀保の不吉な死を忌み嫌い、郡山豊臣家は二代十一年で廃絶にした。

このあと秀吉は、大和郡山に豊臣政権の五奉行のひとりである増田《ました》長盛を二十万石で配置した。ところが、秀吉が没して、慶長五年（一六〇〇）の関ヶ原の合戦が起こると、増田長盛は西軍石田三成に加担したため、徳川家康によって領地を没収されたばかりか、大和郡山城は廃城と決まり、秀長の築いた城はこのとき徹底的に取り壊されてしまっていた。

大和郡山から大徳寺山内に移築

秀長の墓（左）と寄り添って立つ藤堂高虎の墓

関ヶ原の合戦を終えた慶長五年の十月六日、大和郡山城を接収するため、徳川方から本多正信《ほんだまさのぶ》と藤堂高虎《とうどうたかとら》が来た。

藤堂高虎は天正四年（一五七六）二十歳のときから秀長に仕え、文禄四年（一五九五）秀保が没するときまで、郡山豊臣家に仕えていた家臣である。その高虎が、慶長二十年大坂夏の陣で豊臣家が滅亡し、年とともに荒れ果てていく秀長の墓所をみて、秀吉をはじめとした豊臣家一族の墓所が京にあることから、せめて京へと思い立ったようである。

高虎は古渓宗陳和尚に相談、秀長の墓所と大光院を京に移して大徳寺山内に移築した。今日に残る大徳寺の塔頭大光院である。秀長はこの大光院内の墓所で藤堂高虎に寄り添われて眠っている。

なお、大和郡山の秀長の墓所跡には、安永六年（一七七七）秀長を追慕する大和郡山の町衆たちによって供養塔が建立されて、〈大納言塚〉と呼んでいまも保存されている。

秀吉の姉夫妻と秀次たち　善正寺・一音院

身内の者が出世するのにつれて、その兄弟姉妹はもとより一族の者たちはみな、幸せの階段をのぼっていく。

天下人となった豊臣秀吉の姉ともの家族も貧困から脱出して、夫をはじめ三人の子供たちはみな一国一城の主となって、思いもかけぬ栄華な生活に恵まれていた。

ところが一転、弟秀吉に翻弄《ほんろう》されて、ともは夫ばかりか三人の子供たちをつぎつぎと失い、奈落《ならく》の底に突き落とされてしまっていた。

善正寺にある秀次の廟堂

三人の子に恵まれたとも

通説によると、秀吉の姉ともは十七歳のときに、百姓をしながら馬曳《ひ》き（馬方）をしていた同い年の弥助と結婚、貧しいながらも平穏な生活を送っていた。

ところが、織田信長に仕えていた弟の秀吉が時折訪ねて来ては無理矢理飼い馬を連れ出していったり、馬と一緒に、弥助自身も秀吉の手下となって戦場に狩り出されていくうちに秀吉は出世、お蔭で弥助夫婦の生活も、少しずつよくなっていったようである。

結婚から十七年経った永禄十一年（一五六八）、ともは生活にゆとりができたのか長男秀次を生み、翌年次男秀勝を生んだ。そしてさらに、天正七年（一五七九）には三男秀保を生んでいる。

ところが、子のない秀吉は、姉が生んだこの三人の子を見逃さなかった。

一族みな一国一城の主

信長に仕えていた秀吉は、姉の長男秀次が四歳になると、湖北の浅井氏を討つため、秀次を浅井方の武将宮部継潤《みやべけいじゅん》のもとに養子（質子《しちこ》）に差し出し、浅井氏の居城小谷城《おだにじょう》を落としている。

そして、宮部継潤に実子が生まれると、今度は四国の名門三好康長《みよしやすなが》のもとに秀次を入れて養子縁組、三好一族の強大な勢力を手に入れている。夫弥助が三好吉房《よしふさ》と名乗るようになったのは、この頃からである。

そしてまた、秀吉が主君信長の仇を討った山崎の合戦では、秀次を明智方の武将池田信輝《のぶてる》の娘と婚約させて、秀吉は池田勢を味方に引き入れていた。

天下人となった秀吉は天正十三年（一五八五）、これまでの労をねぎらうかのように秀次を近江八幡山城の城主に任じ、十九年（一五九一）には秀吉の養子と決めて、秀次に関白の位を譲っていた。関白秀次の誕生である。

当時、次男秀勝は岐阜城主を務め、〈岐阜宰相《さいしょう》〉と呼ばれていた。三男秀保は、秀吉とともの弟豊臣秀長の養子となり、〈大和中納言〉と呼ばれて大和郡山城にいた。

そして、夫の弥助こと三好吉房も犬山城主に取り立てられて、ともは夫とともに、この犬山の地で余生を送るはずであった。

ところが、弟秀吉の出世によって繁栄をもたらされたこの一家に、突如不幸が忍び寄った。

すべてを失った秀次事件

天正二十年（一五九二）七月、ともは母大政所なかを失い、その涙も乾かぬ九月、次男秀勝（二十四歳）が出陣中の朝鮮唐島《からしま》（巨済島《コジェ》）で戦病死した。

そして、三年後の文禄四年（一五九五）四月、三男秀保（十七歳）が療養先の十津川温泉で崖から転落、事故死してしまったばかりか、その年七月、長男秀次が石田三成らの策謀によって謀叛《むほん》の嫌疑《けんぎ》をかけられ、高野山に送られて切腹、二十八歳の生涯を終えていた。

このとき、秀次がもうけた五人の子供たちも、秀次の妻妾・子女三十四人とともに三条河原

善正寺境内に眠る秀次一門の墓

で斬殺されるという、悲惨な出来事が起こっていた。

また夫の三好吉房もこの事件に連座して城主の座を逐われ、四国讃岐に配流されてしまったのである。

幸福の絶頂にあった吉房とともの家族は、わずか四年の間に三人の子を失い、吉房・ともも引き離されて、一転奈落の底に突き落とされてしまっていた。

仏門に入り瑞龍寺・善正寺建立

なにもかも失い、たったひとりとなったともは、ひそかに入洛して嵯峨野にいた。このとき届けられた秀次の首級を庵の傍らに埋葬、二尊院の僧に頼んで供養を続けていたが、翌文禄五年（一五九六）無常を感じたともは、本圀寺《ほんこくじ》の十六世日禎《にってい》上人に帰依《きえ》して得度《とくど》、法華宗の宗門に入っている。そして慶長三年（一五九八）秀吉が没すると、後陽成天皇より京都今出川村村雲《むらくも》の地と〈瑞龍《ずいりゅう》院《いん》〉の院号が下賜され、このときともは名を〈瑞龍院妙《みょう》慧日秀《えいにっしゅう》〉と改め、拝領した村雲の地に瑞龍寺を建立して移り住んでいる。

そして、瑞龍寺にほど近い岡崎村に、ともは嵯峨野より秀次の首塚を移し、本圀寺の日鋭上人を招いて秀次の菩提所〈妙慧山《みょうえいざん》善正寺《ぜんしょうじ》〉を建立している。

こうしてともは、折あるごとに善正寺を訪れて秀次とその一門の冥福を祈りながら熱心な法華信者として余生を送り、寛永二年（一六二五）四月二十四日、九十二歳で没していた。

今日善正寺の本堂に安置されている寺宝の「豊臣秀次木像」は、ともが慶長二年三月に秀次を偲んで仏師に彫らせた木像で、「瑞龍院日秀寿像」は、とも自身が慶長六年に彫らせた自像である。境内に秀次と五人の子など一族の墓が眠っている。

一方、瑞龍寺は関白秀次公の母堂の菩提所とあって、菊紋・紫衣《しい》の着用を許された門跡《もんぜき》寺院である。正式には〈村雲御所瑞龍寺門跡〉と呼ばれた格式のある寺で、昭和四十三年、秀次の居城のあった近江八幡市の要請で、八幡山城の天守閣跡地に移っている。このとき、ともが隠棲していた嵯峨野の跡地に一宇が建立されて〈嵯峨村雲別院〉が創建されている。

なお、木屋町三条にある〈瑞泉寺《ずいせんじ》〉は、高瀬川を開創した豪商角倉了以《すみのくらりょうい》が、慶長十六年（一六一一）に浄土宗の僧桂叔とはかって秀次ら一族の菩提を弔うために建立した寺。境内に並んでいる四十九基の墓塔は、昭和十六年松下幸之助らが寄進・建立したものである。

夫吉房も一音院建立

慶長三年（一五九八）八月、秀吉が没すると、讃岐の吉房は放免されて京に戻っている。ところが、当時ともは、刑場から届いた秀次の首級を埋葬して菩提所〈善正寺《ぜんしょうじ》〉を建立、自らも

〈三好武蔵守吉房〉と名乗り、出家して〈三位法印三好一路《かずみち》常閑《じょうかん》〉と号していた弥助こと三好吉房の墓。400年経ち墓塔の表面が剥落して痛々しい姿である

三好吉房が子供たちの冥福を祈って建立した日蓮宗一音院。天明の大火で類焼、堀川警察署の拡張などで移転を余儀なくされている

法華《ほっけ》宗門に帰依《きえ》して〈瑞龍寺《ずいりゅうじ》〉を創建、名を〈瑞龍院日秀《にっしゅう》〉と改めて、読経三昧の生活を送っていた。

　そこで吉房も慶長五年（一六〇〇）八月、本《ほん》圀寺《こくじ》内に妻日秀の助けを借りて塔頭《たっちゅう》〈一音院《いちおんいん》〉を建立、子供たちの冥福を祈って読経三昧、静かに余生を送っている。没したのは慶長十七年（一六一二）八月二十五日。法名・建性院殿三位法印日海大居士。一音院にほど近い本圀寺の総墓地で眠っている。

秀吉の妹旭と東福寺南明院

天下の統一を目前にした秀吉の前に、大きく立ちはだかっていた徳川家康。この家康を籠略《ろうらく》するため秀吉が打った策は政略結婚。その犠牲となったのが秀吉の妹旭。夫とふたりして愛を育《はぐく》んでいたか弱い女性が、秀吉のために無理矢理夫から引き離されて、気のすすまぬまま家康のもとに嫁いでいく。四十四歳の悲しい花嫁である。だが、二年後、母の病気を聞いて京に戻り、そのまま京に居続けて二年後に死んだ。戦国の世の女性悲話である。

南明院に眠る旭の墓

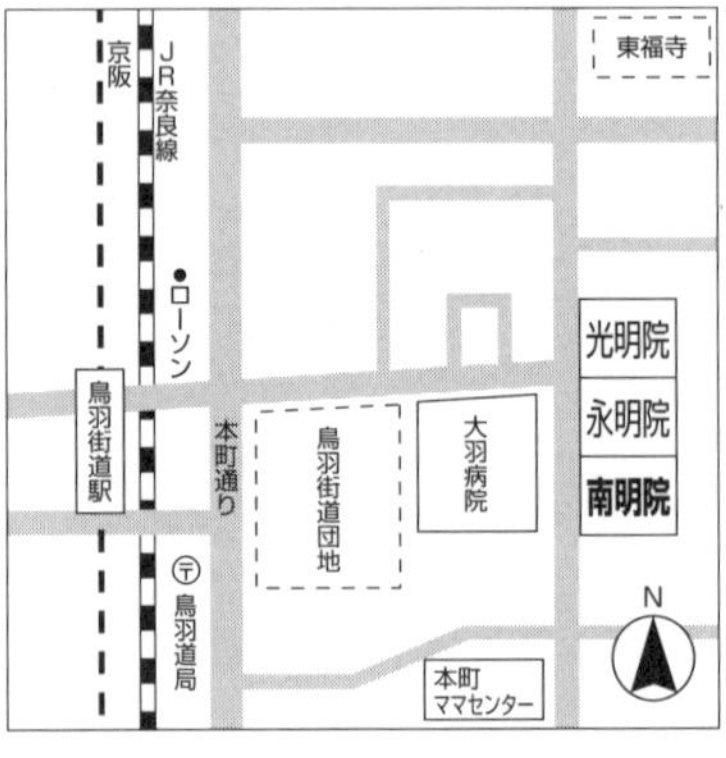

秀吉と六つ違いの妹

秀吉の妹旭は天文十二年（一五四三）に生まれている。秀吉とは六つ違いの妹である。ところが、末っ子ということもあってか、その後の生い立ちがはっきりとしない。

一説によると、旭は同じ村に住む百姓嘉助と結婚、その嘉助がのちに秀吉によって無理矢理侍にされ、佐治日向守《さじひゅうがのかみ》となったと伝えている。

ところが、無理矢理侍にされたためか、嘉助はそれが重荷でノイローゼとなり、気が触れてしまったために、やむなく旭は嘉助と離婚、織田信長の家臣であった秀吉の同僚副田《そえだ》甚兵衛と再婚したともいわれている。

常に夫の陰に隠れていた旭である。その旭が、天正十四年（一五八六）四十四歳になって、突如歴史の表舞台に顔を出したのである。

家康を臣従させるために

天下の統一を目前にしていた天正十二年（一五八四）、秀吉は名古屋の東、小牧《こまき》・長久手《ながくて》で徳川家康・織田信雄の連合軍と戦っている。

局地戦では家康が勝っていた。だが、政治・外交的には秀吉が圧倒的な優位に立ち、家康は子の於義丸《おぎまる》（のちの結城秀康《ゆうきひでやす》）を秀吉の養子とすることで和睦《わぼく》した。

ところが、この養子縁組によって両家が結ばれたというのに、家康には秀吉に臣従する気など毛頭なかった。

　そのため秀吉は、養子縁組より血の濃い義兄弟にでもなれば、家康は臣従してくるかも知れないと、秀吉は身内の者たちを見回した。このとき目に止まったのが副田甚兵衛の妻となっていた妹の旭である。

　家康には当初正妻築山殿《つきやまどの》がいた。ところが天正七年（一五七九）信長の怒りをかって、家康は築山殿とその子信康のふたりを殺害してしまっていた。天正十四年（一五八六）当時、家康には十数人の側室がいたが、正室の座は空いていた。秀吉はそこに目をつけたのである。

政略結婚の犠牲となった旭

　天正十四年五月十四日、兄秀吉によって夫副田甚兵衛と無理矢理離別させられた旭は、京を立って、浜松城に居を構えている家康のもとに輿入《こしい》れした。家康四十五歳、旭四十四歳、年のいった花嫁で、典型的な政略結婚である。

　輿《こし》十二丁、釣《つ》り輿《こし》十五丁、侍女百五十人、それに金銀はじめ婚礼調度の品々を納めた長持《ながも》ちなど、警固の者を含めて総勢二千人を超える華麗な花嫁行列である。だが、輿に乗る旭の胸中は複雑であったに違いない。

　秀吉から離婚を強いられた副田甚兵衛は、離婚と引き換えに五万石の大名に取り立てようという秀吉の申し入れを拒否、旭を離別すると甚兵衛はすぐさま武士を捨てて出奔した。一説によると、このとき甚兵衛は、妻を取られたことを恥じて自害したとか、郷里尾張に帰り、僧侶となって隠世したともいわれているが、出奔を最後に副田甚兵衛の消息は消えている。

母までも人質にした秀吉

だが、夫と離別させて妹旭を家康の正室に送り込んだというのに、家康は秀吉の思惑通りに動かなかった。秀吉に臣従するため京に赴くことは敵の懐《ふところ》に入るも同然、家康は暗殺を恐れていたのである。用心深い家康である。

ならばと、一計を案じた秀吉はその年九月、旭の見舞いと称して母大政所なかを家康のもとに送った。秀吉は母を人質にして家康の上洛を促したのである。この結果、家康はようやく重い腰をあげて上洛、秀吉に対面した。天正十四年十月二十七日のことである。

このとき大政所なかは、三河岡崎城で旭と半年ぶりに再会した。古記録によると、旭は母のもとに駆け寄り、ひしと抱き合ったまままいつまでも泣き続けていたという。夫と引き離され、政略結婚の犠牲となって異郷の地に送られた旭は、気に染まぬ、侘びしい日々を送っていたようである。

南明院に葬られた旭

岡崎城での再会から二年経った天正十六年（一五八八）六月、大政所なかが病床に倒れて危篤状態に陥っていた。知らせを聞いた旭はすぐさま上洛、聚楽第《じゅらくだい》に駆けつけている。看護の甲斐あって、幸いにもなかの病気は全快した。

本堂再建に生かされた彩色跡の残る旧廟堂の火灯窓

だが、家康のもとに帰らねばならぬ旭は、それが気重となってノイローゼに陥り、天正十八年（一五九〇）一月十四日、母に看取《みと》られて聚楽第で没していた。行年四十八歳。

秀吉は旭を駿府の地に葬送するのは不憫《ふびん》と思ってか、東福寺の塔頭《たっちゅう》南明院《なんめいいん》に葬っている。せめてもの償いである。法名・南明院殿光室宗玉大禅定尼。

南明院は応永二十一年（一四一四）、東福寺の第百十一世業仲明紹が開いた寺で、足利四代将軍義持の菩提所。この寺の第十世天翁和尚が秀吉と懇意にしていたからである。

残念なことに堂宇《どうう》の大半は大正六年の火災で灰燼《かいじん》に帰し、焼失をまぬがれた旭の眠る廟堂《びょうどう》の建物も、のちに台風で倒壊するなど災難にみまわれている。そのため墓塔は現在野晒しとなっているが、再建された本堂の建物に、倒壊した廟堂の火灯窓《かとうまど》が生かされていて、優美な廟堂であったことを偲ばせている。

秀吉の子棄丸（鶴松）と祥雲寺

徳川家康は、大坂夏の陣で秀頼・淀殿を討って豊臣家を滅亡に追い込むと、その余勢を駆って、豊臣家の栄華の跡をつぎつぎと抹殺した。

秀吉が早世したわが子のために、哀惜の情を込めて建立した〈都一番〉の華麗な寺も、家康はこともあろうに、秀吉に恨みを抱いていた僧たちに下げ渡してしまっていた。

このとき、この秀吉ゆかりの寺で、人知れず展開されたひとつの悲しいドラマがあった。

東山七条にある智積院（祥雲寺跡）

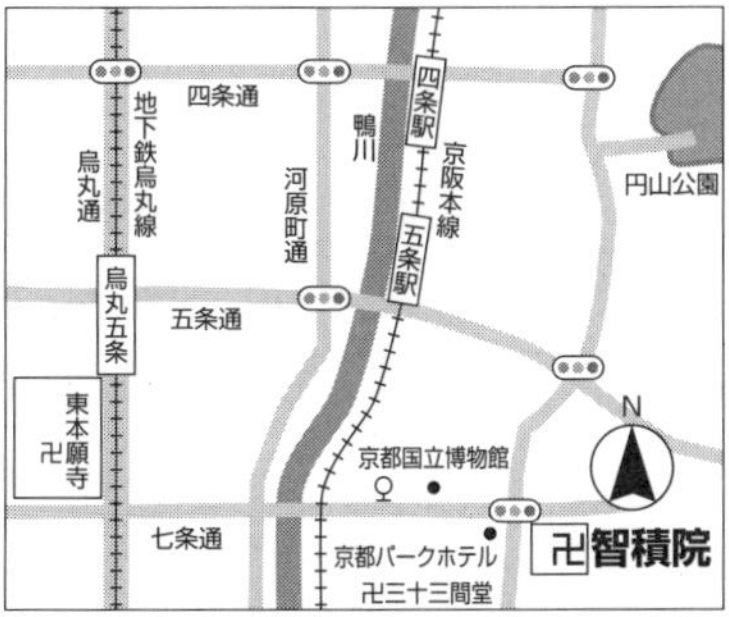

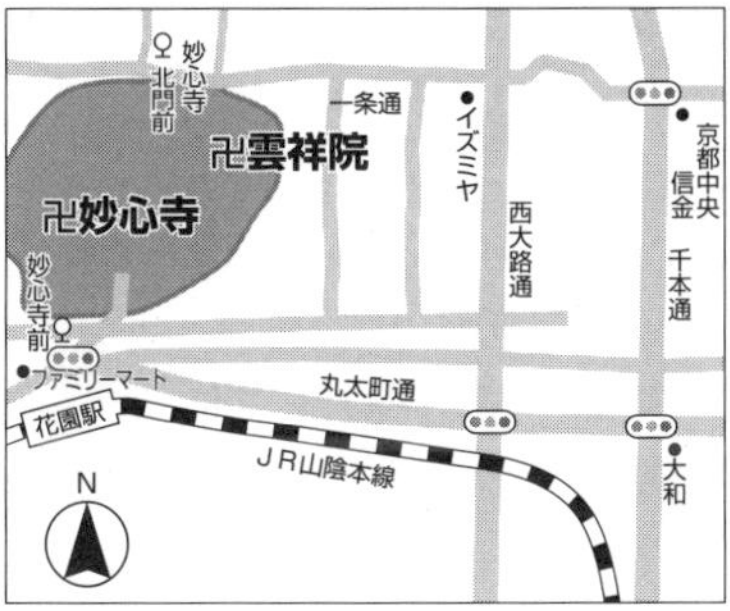

三歳で早世した棄丸

秀吉の側室であった淀殿が、淀城で秀吉の子棄丸（鶴松）を生んだのは天正十七年（一五八九）五月二十七日。秀吉は五十三歳、淀殿二十三歳のときである。

待ちに待った待望の跡継ぎ誕生とあって、秀吉は狂喜し、その日から溺愛《できあい》をはじめている。朝廷からも産着が贈られ、公卿《くぎょう》や諸国の武将たちからも連日のように祝いの品々が届き、なかには一流の細工師につくらせたという豪華な玩具なども含まれていた。

ところが、秀吉をはじめ周囲の者たちの期待もむなしく、天正十九年（一五九一）八月五日、わずか三歳で夭折《ようせつ》してしまったのである。

当時立った噂によると、車輪のついた木製の船形玩具（現存）に乗って遊んでいるうちに、誤って淀城内の池に転落、溺死してしまったといわれているが、実際には、生まれながら病弱な子であったようで、何度となく大病を患っており、このときも三日前から病床にいた。

都一番の寺・祥雲寺

可愛い盛りの愛児を失い、秀吉の落胆ぶりは痛々しいほど。人前も気にせず泣きわめき、流れる涙で袖口も乾かぬ有様だったといわれている。

この棄丸の葬儀は洛西の妙心寺で行われている。そして葬儀を終えると、秀吉は前田玄以に命じて、当時建立を進めていた方広寺大仏殿の裏手に、棄丸の菩提を弔うための寺の造営がはじめられている。

いつ竣工したのか明らかではないが、寺の名は棄丸の法名〈祥雲院殿玉巌麟公神童〉にちなんで〈東山天童山祥雲寺〉と名付けられている。秀吉が哀惜の情を込めて建立しただけあって、〈都一番の寺〉と噂が立つほど豪壮華麗な寺であったようである。

最初この寺の住職を務めたのは、棄丸の初七日の法要を営んだ南化玄興《なんかげんこう》和尚である。妙心寺の第五十八世住職を務めた有徳の僧である。

海山和尚の開いた雲祥院（妙心寺山内）

ところが、慶長二十年（一六一五）大坂夏の陣で豊臣家が滅亡すると、徳川家康はこの祥雲寺を智積院に下げ渡してしまっていた。このとき祥雲寺の住職を務めていたのは、南北玄興和尚の弟子であった海山元珠《かいざんげんしゅ》である。

智積院に追われた海山和尚

秀吉は生前、天正十三年（一五八五）の春、紀州平定のため、根来《ねごろ》・雑賀《さいか》の一揆《いっき》討伐を行っている。このとき根来寺の僧たちが頑強に秀吉に抵抗したため、秀吉は根来寺全山を焼き払っていた。このとき、寺にいた僧たちは各地に逃散したが、秀吉が没し、関ヶ原の合戦が済むと、家康に寺の再興を願い出て、今日の智積院が開かれていた。

いうなれば、秀吉に遺恨をもった寺に、家康は秀吉ゆかりの祥雲寺を下げ渡してしまったのである。

この結果、海山和尚は智積院によって祥雲寺を追われた。このとき海山和尚は悲憤のあまり、寺に納められていた南化和尚の木像を背負い、棄丸の木像を胸に抱いて、秀吉が寄進した棄丸の遺品類をすべて持って、涙しながら祥雲寺を後にしたといわれている。

そして、妙心寺山内にあった自坊〈亀仙庵《きせんあん》〉に戻って来た海山和尚は、このとき〈祥雲寺〉の文字をひっくり返して、自坊の名を〈雲祥院〉に改めていた。

ひっくり返した寺名の謎

海山和尚は、かなり家康という人物を憎んでいたようである。

慶長十九年（一六一四）、大坂冬の陣の発端となった〈国家安康〉という方広寺大仏殿の梵鐘の銘文をめぐって事件が起こったとき、家康は五山の僧たちに、この銘文を見せて意見書を提出させている。

権力者にこびを売る僧たちである。「国家安康と大御所の名を分断したのはよろしくない」「長文すぎる」と、僧たちは口を揃えて銘文の作者清韓文英《せいかんぶんえい》を攻撃した。

その中で、ただひとり「この銘文は家康公を呪詛《じゅそ》したものではない」と、堂々と書いて出した僧がいた。このとき妙心寺の代表を務めた祥雲寺の住職海山元珠である。権力にも屈しない気骨ある僧であったようである。

だが、次々と罠を仕掛けて豊臣家を滅亡に追い込み、天下を掌中にした卑劣な家康、その家康に祥雲寺までも取り上げられて、海山和尚の悲憤も頂点に達していたようである。寺名をひっくり返して〈雲祥院〉と名付けたのも、非道な人物が天下を治めることへの痛烈な批判が込められていたのかも知れない。

棄丸は没するとすぐに、妙心寺の塔頭玉鳳院《ぎょくほういん》内に埋葬されて、今も霊屋の中で安らかに眠っている。海山和尚が涙しながら持ち帰った棄丸の木像は、今「木造豊臣棄丸坐像」（重文）と名付けられて山内の塔頭隣華院《りんかいん》に、棄丸の愛用していた木造の船形玩具や、棄丸の鎧、守り刀などは玉鳳院に収蔵されている。

棄丸の眠る霊屋（妙心寺玉鳳院内）

一方、智積院に下げ渡された祥雲寺は、天和二年（一六八二）の火災ですべてが灰燼に帰してしまい、今日智積院の障壁画収蔵庫に収蔵されている障壁画の数々は、いずれも祥雲寺の殿舎を飾っていたもので、都一番といわれた祥雲寺の豪華さを偲ばせている。

豊臣秀頼と三宝寺

大坂夏の陣の決戦に敗れた豊臣秀頼と淀殿のふたりは、炎上する天守閣より脱出して、山里曲輪《やまざとくるわ》の蔵の中から千姫を介して徳川方に助命の嘆願を行っている。だが、徳川家康も秀忠も、ふたりの助命を許さなかった。

戦後十六年経った寛永八年、洛西白砂山の山中に三宝寺《さんぽうじ》が建立されている。豊臣の時代を追慕する後水尾《ごみずのお》天皇と菊亭《きくてい》・今城《いまき》両公卿《くげ》家による豊臣家一門鎮魂の願いを秘めた寺で、寺内に秀頼・淀殿の供養塔が立てられていた。

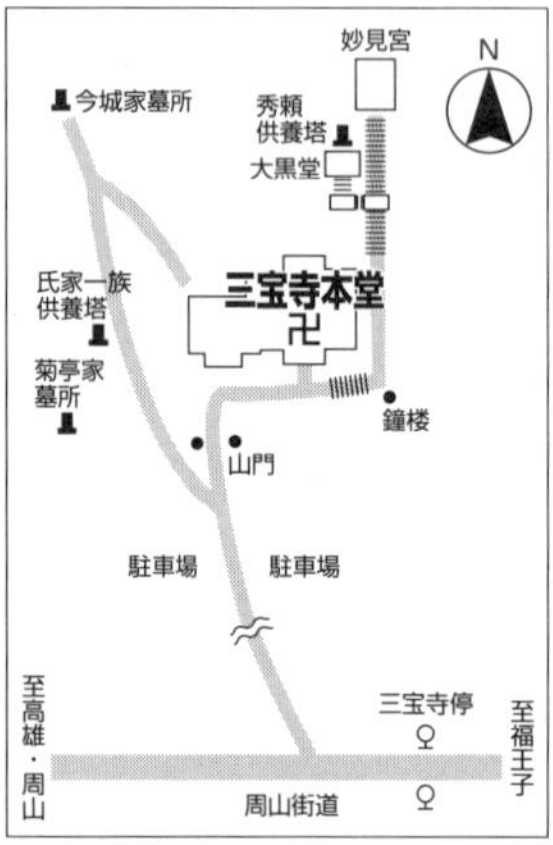

三宝寺入り口の冠木門

大坂夏の陣と秀頼の死

豊臣方と徳川方の決戦となった大坂夏の陣は、慶長二十年（一六一五）五月七日の合戦で豊臣方が敗退、大坂城の天守閣にも火が入って落城した。

このとき、豊臣秀吉の遺児秀頼とその母淀殿のふたりは、近臣の者たち二十数名とともに山里曲輪《やまざとくるわ》に避難、秀頼の妻千姫（徳川秀忠の娘）を使者に立てて、家康・秀忠に助命の嘆願を行っていた。

だが、家康と秀忠のふたりは助命を許さず、翌五月八日の昼頃、井伊直孝《いいなおたか》・安藤重信《しげのぶ》らの鉄砲隊を差し向けて、曲輪内に立て籠っている者たちの名をひとりひとり記録し終えると、「倉に鉄砲放《はな》チ掛ケ、イズレモ生害《しょうがい》、火掛《か》ケル也」（『本光国師日記』）と、一斉射撃のあと、蔵に火を放っていた。

秀頼の死によって豊臣家は滅亡した。このとき、秀頼と死をともにした近臣の者たちの中に、あの真田幸村《さなだゆきむら》の子大助《だいすけ》（十三歳）がいた。「いかなることがあろうとも城内にいる秀頼のもとに駆けつけて来たという、逸話の残る大助である。そしてまた、氏家内《うじいえない》膳《ぜん》 正行広《のしょうゆきひろ》なる人物もいた。

豊臣家追悼《ついとう》の願いを込めて

慶長二十年（一六一五）の大坂夏の陣から十六年経った寛永八年（一六三一）、洛西・白砂山の山腹、鳴滝《なるたき》松本の地に一寺が建立されている。

後水尾《ごみずのお》天皇の内旨《ないじ》を得て、右大臣菊亭《きくてい》（今出川家）経季《つねすえ》と中納言今城《いまき》（中山家）爲尚《ためひさ》のふたりが、それぞれの菩提所にと建立した寺である。今日の三宝寺である。

ところが、この寺の建立には、菩提所としてのほかに、別の願いが秘められていた。滅亡した豊臣家一門の追悼である。

内旨を与えた後水尾天皇は、先帝後陽成《ごようぜい》天皇と同じように、天皇家を崇敬《すうけい》した豊臣家と違って、ことあるごとに朝廷を抑圧しようとする徳川家への不満がつのって譲位されてしまっていた。

菊亭・今城の両公卿家も、藤原氏の出とあって秀吉の知遇を得、とりわけ菊亭家の二代前の菊亭晴季《はるすえ》は秀吉の関白就任に尽力、〈豊臣家〉誕生に貢献するなど、豊臣家とは深い関わりをもった人物である。

それに当主菊亭経季も、京極高次《きょうごくたかつぐ》夫人（淀殿の妹・お初）の養女古奈姫《こなひめ》と結婚していて、こ

現在は縁結びの塔とされ、奇妙な夫婦像などが置かれている

15年ほど前に筆者が撮影した供養塔のたたずまい

の古奈姫の実父が、大坂城で秀頼と死をともにした氏家内膳正行広である。

三宝寺の創建にあたって、この古奈姫が寺の中心となる本堂を建立して寄進している。そしてまた、寺内の一隅に、淀殿・秀頼と、秀頼の子国松《くにまつ》（大坂夏の陣後逮捕されて斬首）の三人の戒名を刻んだ供養塔を建立していたのである。表向きは菊亭・今城両公卿家の菩提所ではあったが、明らかに豊臣家一門追悼の願いが込められた寺であった。

縁結びの塔となった供養塔

御室仁和寺《おむろにんなじ》の西、福王子から周山街道に入り、最初のバス停が〈三宝寺〉。ここからさらに百メートルほど先の右手に三宝寺への入り口があって、坂道を行く参道の突き当たりに三宝寺がある。年の暮れの〈大根焚き〉と夏の土用の〈炮烙灸《ほうろくきゅう》〉で知られた日蓮宗の寺である。正式の名は〈金映山妙護国院三宝寺〉。後水尾天皇の命名で、黄金が似合い、醍醐三宝院での花見を思い起こす、秀吉追慕、豊臣家追悼の深い意味が秘められた寺号であるといわれている。

冠木門《かぶきもん》を潜って寺内に入り、本堂前を右に、そして突き当たりを左に折れて〈妙見宮〉への石段をのぼると、階段途中の左手に供養塔がある。

背の低い細身の塔で、その三面に〈嵩陽寺殿秀山大居士〉（秀頼）、〈大虞院虎英岩大禅定〉（淀殿）、〈涌世院殿霊山智品大童子〉（国松）の戒名が刻まれている。大坂夏の陣後、もっとも早い時期に建立された秀頼・淀殿・国松の供養塔である。

古記録によると、秀頼を介錯《かいしゃく》したのは氏家内膳正行広であったと伝えている。古奈姫（高樹院）は悲痛な思いで、この供養塔を建立していたに違いない。

ところが、この寺の創建にまつわる供養塔だというのに、いまは〈縁結びの塔〉とされて、この塔を撫でさすると良縁に恵まれるとか。塔に接して奇妙な夫婦像が置かれていたり、供養塔の周辺は、歴史を知らない人たちによって様相が一変してしまっていた。

秀頼・淀殿後日談

秀頼と淀殿が討たれて豊臣家は滅亡した。ところが、陣後書かれた記録類をみると、焼け落ちた蔵の中には多数の焼死体が散乱していたが、秀頼と淀殿の遺体だけは発見されなかったと伝えている。当時日本に来ていたイギリス人のリチャード・コックスも『日記』に、そう記録している。

その結果からか、陣後すぐに秀頼の逃亡伝説が生まれ、秀頼は真田幸村たちとともに大坂城を脱出、島津家の軍船で薩摩に落ちのび、〈種子島蔵人《たねがしまくらうど》〉（『半日閑話』）とか〈自斎《じさい》〉（『老談一

昭和58年に嵯峨釈迦堂（清涼寺）の境内に建立された〈秀頼公首塚〉

言記』）と名を変えて余生を送っていたと伝えている。鹿児島県の谷山村には秀頼の墓までが存在している。

またなかには、加藤清正の子忠広をたよって肥後国に落ちのびたが、加藤家が改易《かいえき》されたために、肥後を出て豊後《ぶんご》の日出《ひじ》藩木下家に匿《かくま》われていたとか、秀頼の逃亡伝説は昔も今も花盛りである。最近でも、大坂城三の丸の跡地から頭蓋骨一個が発掘されて、秀頼の首に間違いないと、嵯峨釈迦堂《さがしゃかどう》（清涼寺《せいりょうじ》）の境内に〈秀頼公首塚〉が建立されている。

秀頼の子国松と天秀尼

豊臣秀吉の子秀頼には、長男・長女ふたりの子がいて、徳川方を刺激せぬよう、生まれるとすぐに極秘裡《り》に異郷の地に送られていた。ところが、大坂夏の陣後、ふたりは逮捕されて、家康の命令で長男は斬首、長女は尼僧にされてしまっている。

このふたりの数奇な運命に、家康の孫娘千姫と秀吉の側室であった松の丸殿が絡んで、それぞれにまた悲しいドラマを編み出していた。

天秀尼が遺した雲版（鎌倉・東慶寺蔵）

側室が生んだ秀頼の子

阿弥陀ヶ峰の石段下に眠る国松（左）と松の丸殿（右）の墓

豊臣秀吉が没したとき、その子秀頼は六歳であった。その秀頼が十一歳となった慶長八年（一六〇三）、秀吉が生前徳川家康と約束していたこともあって、家康の孫娘千姫（秀忠の子）と結婚した。といっても、千姫は当時まだ七歳である。そのため、秀頼にはひとりの側室が与えられていたようで、その側室が慶長十三年（一六〇八）に男の子を、翌十四年に女の子を生んだ。国松とのちの天秀尼である。

国松も息女も、生まれるとすぐに、淀殿の妹お初《はつ》の嫁ぎ先である若狭小浜《おばま》の城主京極高次のもとに送られて、城出入りの小浜の研師《とぎし》弥左衛門のもとで養育されている。千姫という正室がおりながら側室を寵愛《ちょうあい》し、跡継ぎまで生んだとなると、家康の機嫌もさぞかし悪かろうという配慮である。

極秘裡に若狭小浜に送られたふたりは、その地で豊臣家の跡継ぎとして、また息女・姫君として大切に養育されていたようである。

ところが、国松が八歳、息女が七歳となった慶長二十年

（一六一五）、大坂夏の陣が勃発《ぼっぱつ》した。

大坂城落城・豊臣家滅亡

秀頼を擁立して大坂城に立て籠もった豊臣方は総勢五万余。これを攻める家康・秀忠の徳川方は十五万五千の大軍である。決戦の火蓋《ひぶた》が切られたのは五月七日の正午頃。当初の形勢は大坂方が優っていた。だが、つぎつぎと繰り出してくる徳川方の新手の兵力に圧倒されて、大坂方は苦戦を強いられ、午後三時頃には敗退した。大坂城の天守閣に火が入ったのは午後四時頃である。

やむなく秀頼と淀殿は、わずか二十数名という近臣の者たちとともに城内の山里曲輪《やまざとくるわ》に避難、千姫を使者に立てて、家康に助命を嘆願した。ところが、家康はそれを許さず、翌五月八日、鉄砲隊を差し向けて、ひとり残らず撃ち殺してしまっていた。

秀頼・淀殿が討たれて豊臣家は滅亡した。だが家康は、この機会にこの世から豊臣色を一掃して、徳川家による一党支配を確立するため、徹底した残党狩りをはじめている。この残党狩りの網の目に国松が捕まっていた。

国松の悲惨な最期

落城の日から四日経った五月十二日、若狭小浜の城主京極忠高（高次の子）は、後難を恐れて、預かっていた秀頼の息女を徳川方に差し出している。このとき秀頼の跡継ぎとなる国松の存在をはじめて知った徳川方は、色を失い、国松の徹底捜索を諸大名に命じている。

いつの頃からか国松だけは若狭小浜から大坂城に戻っていたようである。落城の日、国松は乳母田中六左衛門の妻に伴われて城内から脱出した。ところが、二十一日伏見の農人橋の橋の下に潜んでいるところを農民に怪しまれ、京都所司代板倉勝重に逮捕されてしまっていた。

関ヶ原合戦のとき、家康は首謀者石田三成の子を僧侶にすることで許していたが、豊臣家の抹殺を狙う家康は、わずか八歳という国松の助命を許さなかった。逮捕から中一日経った二十三日、早くも六条河原で斬首《ざんしゅ》してしまったのである。しかも処刑の作法を無視して、国松には白装束も与えず、着のみ着のまま。それでも国松は、家康の非を責めてから悠然と首を差し出していたと、当時日本に来ていた宣教師は伝えている。

また当時の記録類をみると、「目もあてられざる次第」「諸人見物、みな哀れみ申す」と、国松の死を哀れんでいた。

誓願寺に引き取った松の丸殿

秀吉の側室で絶世の美女といわれた松の丸殿は、京極高次の妹にあたった。秀吉の死後、松の丸殿は高次のもとに身を寄せていた。

ところが、慶長十四年（一六〇九）高次が没して、その子忠高が家督を継ぐと、松の丸殿は京都の誓願寺に隠棲《いんせい》した。当時誓願寺は松の丸殿の勧進によって、本堂・報恩堂・釈迦堂・三重塔・方丈・経蔵など、堂塔伽藍《がらん》がつぎつぎと再興されていたときである。

松の丸殿は国松の処刑を聞くと、誓願寺の住職に頼んで国松の遺体を引き取ってもらい、誓願寺山内に埋葬して、京極家の非を詫び、供養を続けている。

そして、寛永十一年（一六三四）九月一日に没した松の丸殿は、国松の墓所に隣り合って埋葬され、幼い国松を見守っていた。

ところが、明治五年、新京極歓楽街の建設のために、誓願寺は寺地の大半を公収されてしまい、このとき、ふたりの墓所の近くに公衆トイレが設置されたために悪臭ぷんぷん。ほかに寺内に替え地もなかったために、明治三十七年八月、京極家によって秀吉の墓所のある阿弥陀ヶ峰に改葬されて、いま秀吉の傍らで眠っている。

千姫に救われた天秀尼

なお、徳川方に引き渡された息女は、千姫が急遽《きゅうきょ》自分の養女として保護したために、幸いにも死をまぬがれている。だが、家康の命令で鎌倉松ヶ岡の尼寺東慶寺（のちの駆け込み寺）に送られていき、のちに法泰蔵主《ほうたいざす》天秀尼《てんしゅうに》と号し、東慶寺の二十世住職を務め、正保二年（一六四五）二月七日、三十七歳で没していた。墓所は東慶寺にあり、寛永十九年（一六四二）三月、天秀尼が父秀頼菩提《ぼだい》のために鋳造したという雲版《うんばん》が、いまも東慶寺に遺されている。

北政所ねねと高台寺

秀吉が没したあと、大坂城を出て京に移り住んだ北政所ねねは、東山に高台寺を築いてその山内で二十年の歳月を送っている。そのためか、いまも山内を歩き、諸堂を見つめていると、ここかしこからねねの息づかいが聞こえてくる艶《あで》やかな寺である。

だが、この地にいて豊臣家滅亡という悲報を耳にするなど、相つぐ悲報にただひたすら耐え忍びながら生き抜いていた、一人の女の歴史を伝える物悲しい寺でもあった。

北政所が眠る高台寺霊屋。その木像が安置されている須弥壇下で眠っている

二人三脚で築いた豊臣家

ねねが秀吉と出会って結婚したのは永禄四年（一五六一）八月三日。秀吉二十五歳、ねね十四歳のときである。このときから辛酸労苦を共にした二人の二人三脚は始まっている。

ところが、秀吉が織田信長に従《つ》いて東奔西走をするうちに次第に出世、信長から近江長浜城を与えられて一国一城の主となったのは天正二年（一五七四）、秀吉三十八歳、ねね二十七歳のときである。

ところが、天正十年（一五八二）、本能寺の変で主君信長が明智光秀に討たれると、秀吉は光秀を討って主君の仇を報じ、天下取りのゴールを目指して疾走した。

そして、三年後の天正十三年（一五八五）秀吉は朝廷より〈関白〉の官位と〈豊臣〉の姓を賜り、〈豊臣秀吉〉を名乗って名実ともに天下人になった。このときねねも〈北政所〉の称号を授かっていた。秀吉四十九歳、ねね三十八歳。二人が結婚して二十四年目のことである。

ところが、慶長三年（一五九八）三月十五日の〈醍醐の花見〉の後、秀吉は病床に倒れ、その年八月十八日伏見城で病没した。秀吉六十二歳、北政所五十一歳。二人の結婚生活は三十七年間で終止符を打った。

没した秀吉は、京・東山の阿弥陀《あみだ》ヶ峰《みね》に埋葬されると、ただちにその西の麓に社殿が造営されて、翌慶長四年（一五九九）四月十八日、朝廷より〈豊国大明神《とよくにだいみょうじん》〉の神号が贈られて、秀吉の神霊を祀る社として〈豊国神社《とよくに》〉が創建されている。

北政所は正遷宮祭を終えた四月二十五日、大坂より上洛して来て豊国神社に社参をすると、夫秀吉の眠るこの京の町に移り住むことを真剣に考えはじめていた。

京に移り住んだ北政所

北政所は、秀吉の側室であった淀殿とは、秀吉生存中のときからさまざまな確執《かくしつ》があったといわれている。その淀殿に、北政所は秀吉没後、豊臣家の主婦の座を明け渡し、その上さらに本丸をも明け渡して、北政所は西の丸に移されていた。そのため肌《はだ》の合わぬ淀殿の許で、大坂城内にいて余生を送るよりは、神となって祀られている夫の廟所・豊国神社のかたわらにいて、夫の冥福を祈りながら余生を送ることを思い立っていた。

それに京都には、北政所の生母朝日の菩提所大乗山康徳寺があった。(寺町鞍馬口下ル・現高徳寺町)。北政所は秀吉が没する七日前の慶長三年(一五九八)八月十一日に生母朝日を失っていた。

それに加えて幸いなことに、京都には秀吉が聚楽第《じゅらくだい》を破却した後、慶長二年に新たに〈京都新邸〉(現・大宮御所、仙洞御所の地)を築き、それがそのまま残されていた。

この京都新邸に移り住んで、夫秀吉と生母朝日の冥福を祈りながら余生を送りたい。北政所はすぐさまそれを実行に移していった。

史書の多くは、北政所が大坂城西の丸を出て京に移り住んだのは、慶長四年(一五九九)九月二十六日のことであると伝えている。

北政所が慶長11年に創建した当時のままの高台寺開山堂。当時は持仏堂と呼ばれ、山内でも最も重要な廟堂であった

ところが、豊国神社の別当神龍院《べっとうしんりゅういん》梵舜《ぼんしゅん》の日記『舜《しゅん》旧記《きゅうき》』を見ると、北政所は七月半ばをすぎた頃から熱心に豊国神社への社参をはじめていた。当然、生母朝日の眠る大乗山康徳寺へも頻繁に足を運んでいたことは間違いない。

出家得度して高台寺創建

秀吉没後五年経った慶長八年（一六〇三）四月十八日、北政所の養母であった七曲《ななまがり》が病没した。北政所の生母朝日の妹で、北政所が秀吉と結婚したとき、反対する生母を抑えて、養母となって二人を優しく送り出してくれた七曲である。

北政所は康徳寺を訪ねて、七曲の菩提を弔ううちに、この寺に養父母を迎え、自らの菩提寺にしたいと思いはじめていた。

当時、康徳寺は創建当時開山を務めた長巌《ちょうがん》周養和尚が慶長三年に没し、天正十八年以降、弓箴《きゅうしん》善彊《ぜんきょう》和尚が住持を務めていた。曹洞宗の寺であった。

だが、一族の冥福を祈り、自らの菩提所とするには康徳寺の境内は狭小であった。北政所は弓箴和尚の許で出家得度、「快陽杲心《かいようこうしん》」の法名を授かって曹洞宗の宗門に帰依すると、ただちに弓箴和尚とともに〈高台院〉の院号を選び、後陽成天皇に願い出て勅許を受けると、院号に因んだ「高台寺」の開創に向けて動きはじめている。

このとき徳川家康をはじめ、加藤清正、福島正則、浅野長政、木下家定たち身内一族の積極的な支援もあって普請は順調に進み、弓箴和尚を開山に迎えて高台寺が落慶したのは慶長十一年（一六〇六）十二月八日のことである。

開山弓箴和尚の死

高台寺創建後、北政所は弓箴和尚とともに高台寺山内に移り住み、寺町より移設した生母朝日の菩提所康徳寺を塔頭玉雲院《ぎょくうんいん》とし、北政所の山内の住房もかつて宗祖道元《どうげん》禅師の荼毘所《だびしょ》近くに建長六年（一二五四）詮慧《せんね》和尚が開いたという名跡永興《ようこう》庵に因んで〈永興院《ようこういん》〉と名付けるなど、山内の伽藍・庭園の整備に没頭した。

慶長十三年（一六〇八）には北政所の兄で高台寺の創建に参画、鐘楼、鎮守社などを寄進した備中足守《あしもり》藩主木下家定が没すると、北政所は弓箴和尚とともに家定の菩提を弔うために「岡林院殿前法印長翁量公大居士」の法名に因んで、塔頭岡林院を開いている。

こうして高台寺の開山を務め、後陽成天皇より「仏性真空禅師《ぶっしょうしんくうぜんじ》」の禅師号を勅賜された弓箴和尚は慶長十九年（一六一四）一月十三日に入寂《にゅうじゃく》した。高台寺開創期に最も活躍し尽力し

高台寺の庫裏

た禅僧である。

北政所ねねの死

弓箴和尚の死とともに、これまで〈充実〉して来た北政所の生活は、一転して〈退潮〉に転じていった。

翌慶長二十年（一六一五）、大坂夏の陣で秀頼・淀殿が討たれ豊臣家は滅亡してしまうのである。このとき徳川家康は、北政所が最も大切にしていた豊国神社に対して全面破却の決定を下している。これに対して北政所は懸命に家康に嘆願、外苑部分を取り潰されただけで事なきを得たが、四年後の元和五年（一六一九）、豊国神社は、秀吉の眠る山頂の廟堂だけを残して、他はすべて方広寺大仏殿の住持となった妙法院によって私的に破却されてしまうのである。ねねが高台寺で秀吉の冥福を祈りはじめたのは、このときからである。

だが、ねねは悲嘆のあまりこのときから病床に伏してしまい、近親者たちの五年にわたる懸命な看護も空しく、寛永元年（一六二四）九月六日、高台寺山内の住房・永興院で七十七歳の生涯を終えていた。

〈うたかたの夢〉そしていまも〈悲劇〉が

秀吉は没する前に辞世の歌を書き残している。

露と落ち　露と消えにし　わが身かな
浪速《なにわ》のことも　夢のまた夢

天下人とは思えぬ寂寥感《せきりょうかん》のにじみ出た寂しい歌である。

この辞世の歌は、まるで秀吉の遺言、予言でもあったのか、夫と二人して営々と築き上げて来た豊臣家をはじめ、居城としていた大坂城や伏見城も、阿弥陀ヶ峰に創建されて威容を誇っていた豊国神社も、ねねの目の前から〈夢のまた夢〉うたかたの夢となって、つぎつぎと消えた。ねねは一人寂しくそれらを見届けてから夫秀吉のもとに旅立っていた。

だが、このあとも、北政所に〈悲劇〉が襲った。弓箴善彊和尚があまりにも傑出した禅僧であったためか、つぎに住持となって赴任して来た九天祥鶴《きゅうてんしょうかく》、直伝龍察《じきでんりゅうさつ》では物足りなかったようである。

そこで元和八年（一六二二）、北政所は臨済宗建仁寺で修行していた兄木下家定の子周南紹叔《しゅうなんしょうしゅく》に高台寺の法灯をつがせることにして、僧録司《そうろくし》に曹洞宗から臨済宗への転派を届け出た。だが、このときの僧録司の決定は建仁寺傘下ではなく、南禅寺（臨済宗）傘下に加わるようにとの決定である。途方に暮れた北政所は、寛永元年（一六二四）八月、大御所徳川秀忠に直訴に及んだ。この結果「建仁寺常光院住職三江和尚ノ弟子周南紹叔ハ高台院ノ姪木下家定ノ末子」につき「三江ヲ住持トシ、紹叔ヲ西堂トス」と、北政所が希望するように転派の決定を下していた。

だが、このことはまた新しい〈悲劇〉の始まりであった。北政所が最も期待を寄せていた周南紹叔は、寛永三年（一六二六）徳川家光より景徳寺《けいとくじ》の住持に任じられたのを最後に、三江和尚に高台寺を逐《お》われ、寛永十年（一六三三）二月十一日、足守藩木下家の領内にある法明寺で没していた。

北政所が一族の者たちの祥月命日には、それぞれの画像を掲げて面影を偲んだという〈持仏堂〉は、三江紹益の墓所となり、〈開山堂〉と名を替えられていた。

北政所の霊屋周辺に点在していた一族の者たちの墓は、北政所から引き離されて下段の地に移されていき、その上、北政所が最も大切にしていた塔頭玉雲院（生母朝日の菩提所康徳寺）は、高台寺から姿が消えてしまっていた。

北政所が没する三日前に入寺して来た三江紹益以下、臨済宗の僧たちに、北政所の生前の思いはなにひとつ伝わらなかったのである。

北政所の姉と妙心寺長慶院

殺伐とした武士を嫌って、医師三折全友《さんせつぜんゆう》に嫁いでいた北政所ねねの姉くま。夫全友の死後、洛西の妙心寺山内に塔頭長慶院を開き、高台寺を開いた妹ねねのもとに通って、豊臣から徳川へ、政権交替の荒浪にもまれている妹ねねを、こころ優しくいたわり続けていた姉くま。

だが、妹ねねが力尽きてこの世を去ると、姉のくまも後を追うように没していた。

長慶院の墓

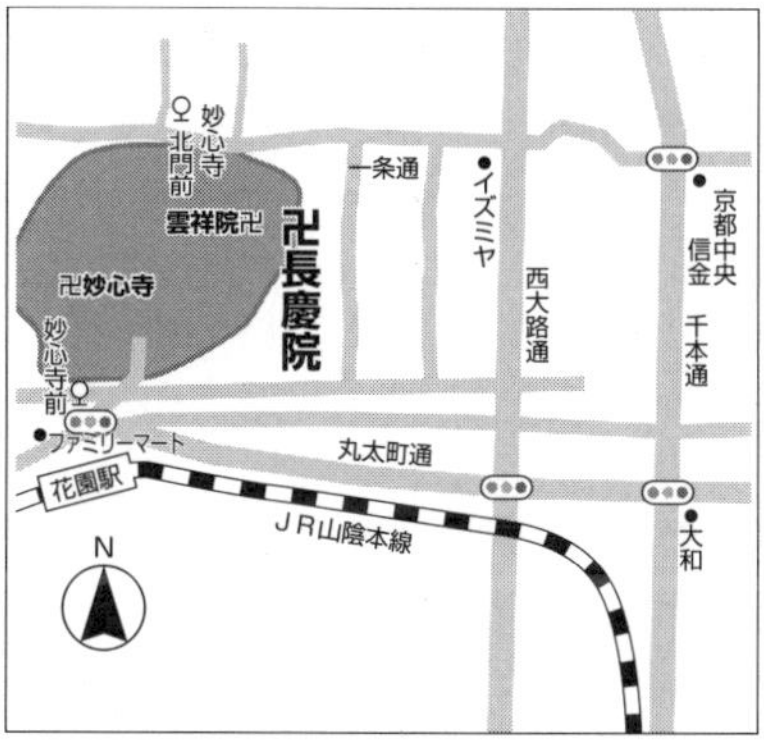

北政所ねねの身内一族

豊臣秀吉の妻北政所ねねは、秀吉の誕生から十一年たった天文十七年（一五四八）に、尾張国春日井郡朝日村（現・愛知県清洲市）で生まれたといわれている。

父は、当時織田信長に足軽《あしがる》の組頭《くみがしら》として仕えていた杉原助左衛門定利《さだとし》。母は朝日。このふたりの間に一男三女があり、ねねは次女として生まれている。だが、ねねと妹のややのふたりが幼い頃養女に出されたところをみると、それほど裕福な家庭ではなかったようである。ところが、ねねが秀吉と結婚、秀吉が立身出世をしていくのにつれて、ねねを取り巻くこの一族の者たちも、みな見違えるほどよくなっていったようである。

秀吉が没した慶長三年（一五九八）当時、ねねの父定利はすでに文禄二年（一五九三）に他界しており、母朝日も、秀吉が没する七日前の八月十一日に没していた。ということは、ねねは母朝日の死で涙も乾かぬうちに夫秀吉を失っていた。

最後まで残ったねねとくま

秀吉が没した慶長三年八月、当時ねねの兄木下家定は播磨姫路城の城主を務めて姫路にいた。妹ややは浅野長政と結婚、秀吉の腹臣となって各地を転戦した長政は、当時甲府城主を務め、ややとともに甲府にいた。

ただ姉のくまだけは、殺伐とした武士の生活を嫌ってか、医師三折全友《さんせつぜんゆう》と結婚、平穏な生活を送っていたが、この年慶長三年に夫全友が亡くなったために、くまは洛西の妙心寺山内に塔《たっ》頭《ちゅう》長慶院《ちょうけいいん》を開き、夫の冥福を祈りながら、ここを自らの菩提所《ぼだいしょ》と決めて、仏門に入っていた。

その後、ねねも慶長十一年（一六〇六）に自らの菩提所として生母朝日の菩提所康徳寺を移して来て新たに高台寺を建立、その山内に移り住んで二十年の余生を送っている。だが、その間に兄木下家定が慶長十三年（一六〇八）に病没し、元和二年（一六一六）には妹のややを失っていた。身内で最後まで残っていたのは、くまとねねの姉妹二人だけである。

妹の後を追った姉くまの死

ねねが高台寺を開くと、妙心寺山内の長慶院に住むくまは、足繁く高台寺を訪れて来て、妹ねねとこころ休まる団欒《だんらん》のひとときを過ごしていた。

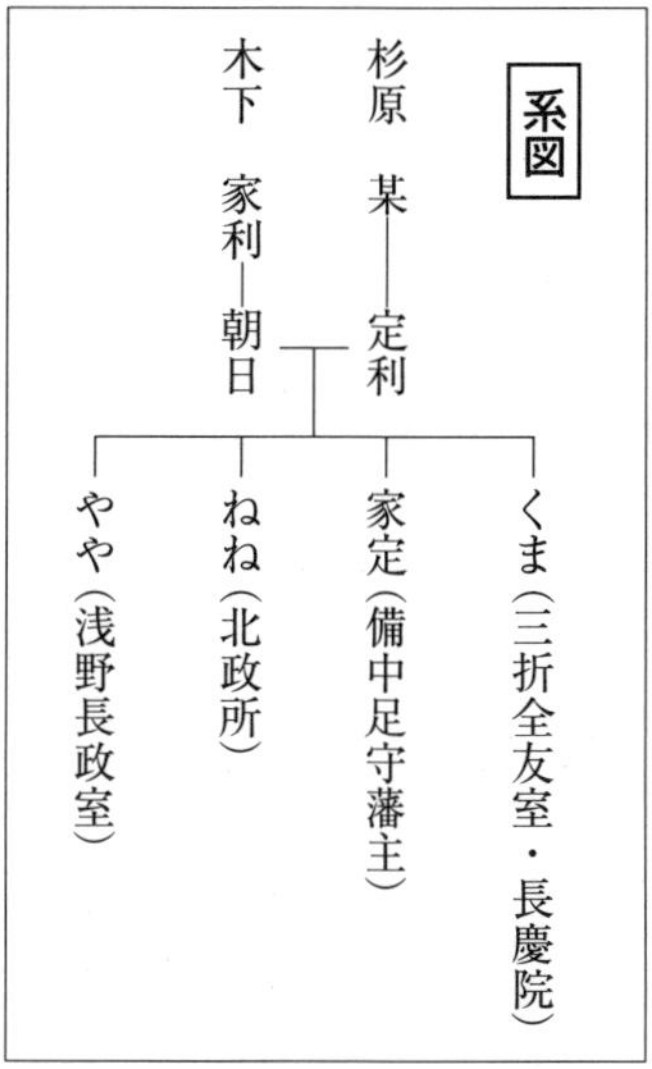

ところが、元和四年（一六一八）一月、ねねが突如病床に倒れ、医師団の懸命な投薬・治療もむなしく、三月には危篤《きとく》状態《じょうたい》に陥っていた。

この知らせを聞いたくまは、すぐさま高台寺に駆けつけて、兄木下家定の子木下利房《としふさ》（備中足守《びっちゅうあしもり》藩主）や、同じく木下延俊《のぶとし》（日出《ひじ》藩主）らとともに、日夜看病にあたっている。

そして、その合間を縫ってくまは、吉田山にある吉田神社や斎場所大元宮《さいじょうしょだいげんぐう》に参詣をして、懸命に病気平癒の祈願を行

長慶院の入り口〈山門〉

っている。

近親の者たちの懸命な看護によって、ねねがようやく快方に向かったのは、その年十一月である。一年に及ぶ長患いである。

ところが、ねねが快方に向かったのを見て安堵したのか、今度はくまが倒れていた。看病疲れである。幸い大事に至らず二ヵ月ほどで本復したが、妹思いの姉である。だが、いっとき快方に向かったねねであったが、病床を離れることができず、元和八年（一六二二）九月頃から、ふたたび容態が悪化して、一進一退がはじまっていた。このときからくまは高台寺に泊まり込んで、ねねの枕頭に詰め、懸命な看護にあたっている。

だが、ねねも長患いのために、ついに力尽きてしまったのか、寛永元年（一六二四）九月六日、くまをはじめ近親の者たちに見守られて、静かに息を引き取っている。葬儀が高台寺でしめやかに営まれたのは九月二十三日である。

ところが、葬儀を終えるとすぐに、またしてもくまが倒れていた。妹の死で、すっかり気落ちしてしまったのか、まるで後を追うように四ヵ月後の寛永二年一月二十三日に没してしまうのである。法名・長慶院殿松岳寿保大姉。

なお、北政所の姉くまの死についで、この年四月二十四日には秀吉の姉とも（瑞龍院日秀《ずいりゅういんにっしゅう》）も没しており、秀吉と北政所の、それぞれの姉の死を最後に兄弟姉妹はみなこの世を去ってしまっていた。

フジの花咲く寺・長慶院

京の洛西・花園にある臨済宗妙心寺派の大本山妙心寺。その広い境内の北辺に塔頭長慶院があって、その境内墓地でいまもくまは眠っている。春、フジ棚のフジが見事な花穂をつけて垂れ下がり、美しく咲く寺である。

寺宝に、くまが日常用いていた食膳類が残されている。太閤桐の浮き出た豪華な品々である。

この寺の古い過去帳をみると、備中足守藩木下家の家臣たちの戒名が並んでいる。備中足守藩主となった木下家定とその子利房の家臣たちである。

家定・利房は、秀吉が没すると、常に北政所ねねの傍らにいて、家臣団を配置して身辺警固にあたっている。北政所が秀吉没後、徳川家康と親交を深めていたために、大坂城にいる淀殿一派に狙われていたのかもしれない。家臣団の身辺警固はくまの周辺にも及んでいた。

なお、長慶院の西隣にある雲祥院《うんしょういん》は、秀吉の子棄丸《すてまる》（鶴松）の菩提所祥雲寺《しょううんじ》の住職を務めていた海山元珠《かいざんげんしゅ》和尚が開いた寺である。

秀吉の花見と醍醐三宝院

豊臣秀吉の最後の宴となった〈醍醐の花見〉。この花見を催すために秀吉は、当時荒れ果てていた醍醐寺の堂宇をつぎつぎと修築、再建して、一山を復興している。

醍醐寺の座主義演は、この恩義を忘れてはならないと、寺内に豊国明神社を建立して秀吉を祀り、ひそかに神恩報謝の祀り事を行っている。その豊国明神社が、いまも醍醐三宝院内に残されていて、義演の神恩報謝の遺志は、いまも山内の人たちに受け継がれている。

秀吉と〈醍醐の花見〉

醍醐寺といえば、豊臣秀吉がこの寺で催した〈醍醐の花見〉はあまりにも有名である。慶長三年（一五九八）三月十五日のことで、この日秀吉は幼い秀頼を伴い、北政所・淀殿・松の丸殿・三の丸殿といった正妻・側室たちをはじめ、その侍女たちや諸大名の女房衆など、千三百名を超える女性たちを引き連れてきて、満開の桜の木の下で、歌会、茶会、仮装大会などを催して、終日にぎやかに花見の宴を開いている。

ところが、秀吉はこの花見を催すために、一年前から会場となる醍醐寺の復興に手を染めていた。

醍醐寺は貞観《ていかん》十六年（八七四）に理源大師《りげんだいし》が創建した真言宗の寺で、延喜《えんぎ》七年（九〇七）醍醐天皇の勅願寺《ちょくがんじ》となってから寺運は隆昌、上醍醐《かみだいご》に准胝堂《じゅんていどう》をはじめ如意輪堂《にょいりんどう》、五大堂《ごだいどう》、薬師堂《やくしどう》などが立ち並び、下醍醐《しもだいご》には釈迦堂《しゃかどう》、法華三昧堂《ほっけざんまいどう》、五重塔をはじめ、金剛輪院《こんごうりんいん》など数多くの塔頭が軒をつらねた壮大な寺院であった。

ところが、応仁の乱の兵火にかかって堂宇の大半を焼失、慶長二年三月八日、秀吉がはじめて醍醐寺を訪れたとき、わずかに五重塔のみが立つ、荒れ果てた寺に変わっていた。

当時、醍醐寺の座主《ざす》を務め、遅々として進

まぬ寺の復興に苦闘していたのは、三十九歳という若さの義演《ぎえん》である。秀吉はこの義演の人柄に魅せられたのか、このときから秀吉は醍醐寺の復興に力を注いでいる。

醍醐寺の荒廃を救った秀吉

秀吉はただちに五重塔の修築に取りかかり、それを終えると、義演の住房であった金剛輪院の大改修に着手、庭園の築造をはじめている。今日残されている醍醐三宝院である。そして、その間に金堂《こんどう》・講堂・食堂《じきどう》・鐘楼・経蔵・湯屋・三門などの再建工事をはじめている。

花見の後も、秀吉の陣頭指揮で諸堂の修築が進み、五月九日には、秀吉がこよなく愛したという天下の名石〈藤戸石《ふじといし》〉が聚楽第《じゅらくだい》から運ばれてきて、三宝院の庭園の正面中央に据えられている。

ところが、五月半ばすぎに秀吉は病に倒れ、二度と醍醐寺を訪れることもなく、その年八

表書院から見た庭園・藤戸石（写真左端）と豊国明神社

月十八日に病没してしまっていた。

だが、秀吉が没したあとも、秀吉の遺志を継いだ秀頼によって、上醍醐に開山堂、如意輪堂が、下醍醐に金堂、西大門などが再建されて、醍醐寺は応仁の乱以来荒廃していた山内の復興を遂げていた。

秘かに祀り続けた豊国明神社

秀吉は慶長三年八月十八日に没すると、翌慶長四年四月十八日、東山阿弥陀《あみだ》ヶ峰《みね》の西の麓に豊国社《とよくにしゃ》が創建されて、秀吉は豊国大明神の神号で神となって祀られていた。

このとき醍醐寺の座主義演は、醍醐寺が復興を遂げたのは秀吉公の賜物と、三宝院内の潅頂堂《かんちょうどう》で盛大に秀吉の冥福を祈って法要を営み、その日の日記（『義演准后《じゅごう》日記』）に「明神ノ御神恩ハ筆舌ニ尽クシ難ク、此ノ御恩忘レズ」と書き記している。

そして阿弥陀ヶ峰の豊国社のにぎわいを目のあたりにした義演は、秀吉への報謝のために、山内に豊国明神社を建立して醍醐寺一山の鎮守社とすることを思い立ったようである。

早くも翌慶長五年一月には社殿が出来上がり、秀吉の月命日にあたった一月十八日、社前に御供を供えて祀り事を行い、毎月恒例の行事とすべきことを決めている。

こうして醍醐寺山内に建立された豊国明神社では、毎月十八日には必ず社前に御供を供えて、神恩報謝の祀り事が行われていった。

ところが慶長二十年、大坂夏の陣で秀頼が討たれて豊臣家が滅亡すると、徳川家康は阿弥陀ヶ峰の豊国社に対して取り潰しの決定を下し、秀吉を神として祀ることを禁じている。

そのことを聞いた義演は、日記の中で「言語道断」と家康の決定を厳しく非難、「御供、毎月ノ如ク備エ奉ル」と、引き続いて山内の豊国明神社では祀り事を続けている。

その後の義演の日記をみると、徳川方の厳しい監視の目をかいくぐって「豊国大明神ニ御供ヲ備ウ、神恩忘レズノ志バカリ也」「御供丁寧ニ仰セ付ケル、毎月欠カサズ之ヲ備ウ」

「豊国明神奉幣、神供ヲ備ウ、神恩報謝ノタメ、毎月怠ラズ」との記事が続いており、秘かに祀り事を続けていた。

醍醐三宝院の築山の上に

醍醐三宝院は秀吉の時代〈金剛輪院〉と呼ばれ、義演の住房であったところで、殿舎のほとんどは秀吉が修築、池泉回遊式の庭園も秀吉が自ら設計した庭園で知られている。

その庭園の正面中央に、秀吉が愛した〈藤戸石〉が据えられている。天下の名石である。この藤戸石の後ろの築山の上に、いまも往時のまま豊国明神社があって秀吉が祀られていた。石積みされた基壇の上に、銅葺きの屋根をのせた高さ約二メートル、間口・奥行ともに約一メートルという、しっかりとした社殿が据わっている。文化八年（一八一一）に再建された社殿である。

義演をはじめ一山の僧侶たちは、庭園の正面中央にたたずむ藤戸石をみて秀吉を偲び、秘かに山上に祀った秀吉に神恩報謝、手を合わせていたのかもしれない。

毎年四月第二日曜日に、この醍醐寺で催される〈太閤花見行列〉も、秀吉への神恩報謝の行事の一つで、義演の遺志は、いまも山内の人たちに営々と受け継がれてきていたのである。

築山の上に立つ豊国明神社

京の事件簿編

石川五右衛門と大雲院

豊臣秀吉の時代、京・大坂・堺の町を舞台にして悪事の限りを尽くした大盗賊団の首領石川五右衛門。

逮捕された五右衛門は市中引き回しの末に三条河原の刑場に引き出されて、衆人《しゅうじん》環視《かんし》の中、煮えたぎった油の中に投じられていった。

あまりにも凄惨《せいさん》な処刑に卒倒する者が続出。このとき煮殺《にごろ》しにされた石川五右衛門は、東山円山公園のほとりにある大雲院《だいうんいん》で眠っている。

大雲院の境内墓地にある釜ゆでにされた大盗賊石川五右衛門の墓

石川五右衛門の墓のある龍池山大雲院。もとは浄土宗であったが、いまは単立寺院。境内に昭和２年、大倉財閥の大倉喜八郎が建てた山鉾を模した祇園閣があるのでも有名である

前代未聞の釜ゆでの刑

文禄三年（一五九四）八月二十四日。この日、鴨川に架かる三条大橋の一帯は、続々と詰めかけて来る京の町衆たちで埋まり、河原を見詰めながらのヒソヒソ話にざわめいていた。河原には磔《はりつけ》の柱がいくつも立ち並んでいたばかりか、巨大な釜が三つも据えられていて、これから行われる処刑の凄惨《せいさん》さを物語っていた。

これまで処刑といえば打ち首か磔の刑で、スリや窃《せっ》盗《とう》などの軽い犯罪の場合には一般的には鼻そぎの刑が行われていた。だが、ときには為政者《いせいしゃ》に敵対したり、恨《うら》み骨髄《こつずい》の極悪人《ごくあくにん》に対しては、生きたまま手首や首をのこぎりで切断する残酷《ざんこく》なのこぎり引きの刑や火あぶりの刑が行われていた。

ところがこの日は、罪人を油を煮立てた釜の中に投げ入れて、釜ゆでにしようというのである。しかもこの日処刑されるのは、このところ京中を騒がせていた大盗賊団の首領石川五右衛門とその一族郎党《ろうとう》である。

『絵本太閤記』と五右衛門

文禄三年といえば豊臣秀吉の時代で、当時秀吉は伏見城の築城に明け暮れていた。そのため、秀吉が没して二百年ほど経った寛政九年（一七九七）、この年から刊行がはじまった全七編八十四巻という膨大《ぼうだい》な秀吉の伝記読み物『絵本太閤記《たいこうき》』の中にも、この釜ゆで事件が取り上げられていた。

それによると、石川五右衛門は河内国石川村の生まれで、幼名を五郎吉といった。七、八歳の頃から悪知恵を働かせて大人をたぶらかしはじめ、十四、五歳のときに相次いで両親を失うや酒と女に溺れ、十七歳のときに身寄りの叔母の田畑をたたき売って村を出奔《しゅっぽん》してしまっている。

そして伊賀《いが》に赴く途中、名張《なばり》の山中で忍術《にんじゅつ》使いの異人に出会うや、必死に懇願して弟子入り、学ぶこと十八ヵ月。すべてをマスターすると、早速暇をもらい、郷士百地三太夫《ももちさんだゆう》に仕えている。ところが、三太夫の若い後妻を誘惑《ゆうわく》して、三太夫の蓄財八十五両を盗ませて駆け落ち、その途中で後妻からその金を奪って逐電《ちくでん》。

やがて京・大坂・堺の町を舞台に盗賊団の首領となって、悪の限りを尽くしていた。

確かに実在した人物

石川五右衛門の出身地については、河内石川村（『絵本太閤記』）だとか、奥州白河（『松屋筆記』）、遠州浜松（『望海毎談』）などと諸説があって、経歴とともにはっきりとしない。

だが、実在した人物であることは確かで、石川五右衛門が処刑された文禄三年当時、日本に来ていたスペインの貿易商人アビラ・ヒロンの書いた『日本王国記』の中にも、伏見・大坂・堺の町を舞台に暗躍していた盗賊団が逮捕されて、首領の石川五右衛門が油で煮られ、その妻子・父母兄弟たちは磔に処せられたと記録されている。

そしてまた、公卿《くぎょう》山科言継《やましなことつぐ》の日記『言継卿記《ことつぐきょうき》』も文禄三年八月二十四日の条に

盗人スリ十人、子一人等《など》釜ニテ煮ラル。同類十九人磔ニ懸《かか》ル、三条橋南ノ川原ニテ成敗《せいばい》ナリ、貴賤群《きせんむら》ガリ集也《つどう》

と、記録している。

また『本朝通鑑』は、豊臣秀吉が京都所司代《しょしだい》前田玄以《げんい》に命じて石川五右衛門を探し出して逮捕、その母や同類二十人とともに三条河原で煮殺《にごろ》しにしたとも伝えていた。

『絵本太閤記』に描かれた〈三条河原刑場之図〉。巨大な釜を据えて五右衛門を釜ゆでにするため準備の最中である。竹矢来の外は人がいっぱい見守っている

五体、朱のごとく変じ……

『絵本太閤記』によると、この日河原に巨大な釜を三つも据えて、油を入れ柴薪《しばたきぎ》を積んで焚き上げるうちに、炎《ほのほ》天を焦《こ》がし、煮えたぎる音雷《かみなり》のごとく、まことに焦熱地獄《しょうねつじごく》の有様。や

がて五右衛門以下盗賊たちを引き連れて来て、縄で縛り上げたまま熊手に引っかけて釣り上げ、釜の中に投げ入れれば、たちまち五体朱のごとく変じ、七転八倒して絶叫しながら死んでいったと。見物の老若男女、目をこらして見詰める者もなく、顔を覆い、気を失う者数知れずであったと伝えている。

釜ゆで・煮殺しという、前代未聞のあまりにも凄惨な処刑であった。そのため『慶長見聞集』や『武徳編年集成』『続王代一覧』などの諸書に書き残されたばかりか、歌舞伎などにも取り入れられて大盗賊石川五右衛門の名は語り継がれていく。

なかには秀吉の時代のこととあって、伏見城に忍び込んで秀吉の大事な香炉《こうろ》を盗み出したり、南禅寺の三門が五右衛門没後三十年ほど経った寛永五年（一六二八）に出来たというのに、五右衛門の隠れ家とされて、〈絶景かな、絶景かな〉の名せりふまでつくられていた。

石川五右衛門は円山公園長楽館の南、大雲院の境内墓地で眠っている。文禄の当時、寺は四条寺町にあり、市中を引き回されて刑場に赴く五右衛門が、門前にいた住職貞安《ていあん》上人の教えに感泣、悔俊《かいしゅん》の情があらわであったために、死後この寺に埋葬したという言い伝えが残されている。法名・融仙院良岳寿感禅定門。墓塔は寛永九年、五右衛門の三十三回忌に建立されたものである。

淀屋辰五郎と八幡神應寺

石清水八幡宮と創建を同じくする古刹。この八幡神應寺《じんのうじ》にある谷《たに》不動尊は、弘法大師空海が一刀三礼《いっとうさんれい》しながら彫り上げたという、霊験あらたかな〈大聖《だいしょう》不動明王〉。

この神應寺の墓所に、ぜいたく三昧《ざんまい》の末に闕所《けっしょ》の処分を受けた大坂の豪商淀屋辰五郎一族が眠っていた。

だが、闕所の真相は、目に余る驕奢《きょうしゃ》をとがめられたのではなく、どうやら二千億円にのぼった幕府・諸大名の借金帳消しが狙いだったようである。

八幡神應寺の入り口・山門

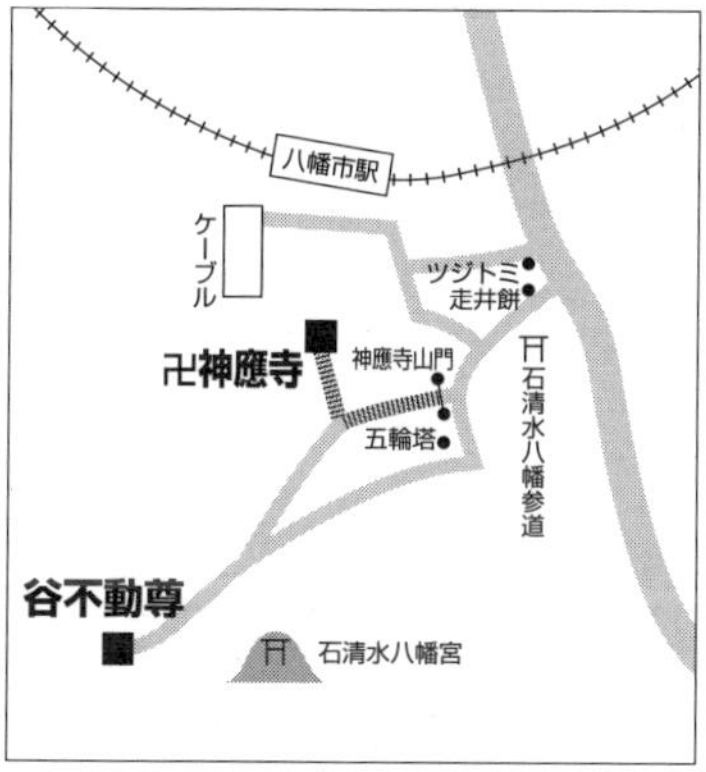

一刀三礼の不動明王像

毎月二十八日はオ不動サンの縁日である。石清水八幡宮のある八幡市男山《おとこやま》の山中にある神應《じんのう》寺《じ》でも、この日境内にある谷《たに》不動尊（正しくは杉山谷《すぎやまだに》不動尊）は、朝から祈願・祈祷・参詣にみえる人たちでにぎわっている。

神應寺も谷不動尊も、石清水八幡宮と創建を同じくする古刹である。

石清水八幡宮は、貞観二年（八六〇）に奈良大安寺で学んだという優れた学僧であった行《ぎょう》教《きょう》が、神託を得て、この地に大分の宇佐《うさ》八幡宮を勧請《かんじょう》、祀ったのがはじまりと伝えている。その行教が、このとき谷ひとつを隔てたこの地に神應寺を創建している。しかもこのとき行教が不動堂に祀った不動尊というのは、弘法大師空海がひと彫りするたびに三礼しながら彫り上げたという、〈一刀三礼《いっとうさんれい》〉の大聖《だいしょう》不動明王像（秘仏）である。

残念なことに不動堂・籠《こもり》堂《どう》・絵馬堂など由緒ある建物は、昭和十年（一九三五）八月の山林崩落で倒壊してしまい、堂宇は新しく造り替えられているが、古くから〈諸願成就・願望成就のオ不動サン〉と、八幡ばかりか、洛南伏見や京中の人たちから厚い信仰が寄せられてきた不動尊である。

ところが、この日、神應寺の墓地で珍しい人の墓を見つけた。派手な生活で話題をふりまき、取り潰されてしまった、あの淀屋一族の墓である。

神應寺の本堂

材木商から米商人・大名貸へ

淀屋の祖・初代常安は、京の上賀茂神社にほど近い岡本庄の出身だったといわれている。豊臣秀吉の時代に大坂に出て、十三人町（大阪市中央区北浜四丁目）で淀屋という材木屋をはじめている。当時大坂の町は、秀吉の大坂城築城と城下町建設で材木需要が異常に高まっていたとき。淀屋はたちまち財を築いたばかりか、秀吉から淀川の築堤工事を請け負い、その旨味《うまみ》を知って、政商・特権商人へと踏み出していく。

慶長二十年（一六一五）の大坂夏の陣の際には、常安は徳川家康のために茶臼山《ちゃうすやま》本陣に陣小屋を造って献上したばかりか、秀忠の岡山本陣にも陣小屋を構築している。

その効果があって、翌年常安は幕府から山城国八幡にある山林三百町歩を拝領している。淀屋と八幡の地が結びついたのは、このときである。

引き続いて常安は中之島を開発、淀屋橋を架橋、淀屋の敷地内に青物市場を開設したりと、特権商人として活

人の背丈もある淀屋一族の墓

躍している。

二代言当《げんとう》〈个庵《こあん》〉も、海産物市場を開設したばかりか、海運業にも乗り出し、加賀藩の蔵米《くらまい》を大坂に回送して、それを売り捌《さば》くために〈淀屋米市《こめいち》〉と呼ぶ米市場を開いている。そして、これが機縁となって、淀屋は西国諸藩の蔵米を取り扱う米商人・大名貸へと変貌する。

前代未聞の豪奢な生活

初代常安・二代言当によって淀屋は経営の基盤が固まり、三代箇斎、四代重当と続いていく。

ところが、宝永二年（一七〇五）五月、五代広当（辰五郎）のとき、突如淀屋は幕府によって全財産を没収され、当主広当は所払《ところばら》い（居住地からの追放）を命じられている。

当時の記録類をみると、大坂の人たちは淀屋のことを〈難波《なんば》長者《ちょうじゃ》〉などと呼んでいる。とにかく百間四方（約一八〇メートル四方）の広大な屋敷地内に、町人にはまったく無用な金張りの襖戸《ふすまど》に、金銀の細工を施した欄間《らんま》という、贅《ぜい》を尽くした大書院・小書院を建て、またなかには〈夏座敷〉と名付けて、四間四方（約七メートル四方）の座敷にガラスの障子戸をめぐらし、天井もガラスを張り詰めて水をたたえ、金魚を泳がせていたとか。庭には泉水、立石を配し、庭木には日本ばかりか、唐から運んで来た銘木を植え込んでいたとも伝えている。そして、屋敷内には中国渡来の黄金製の道具や書画・骨董類が溢れていたとか。

だが、驚いたのはそれだけではない。当時淀屋が諸大名に貸付けていた銀子《ぎんす》は総額一億貫目。現在に換算すると一千三百億円。それに幕府に用立てていた金子《きんす》は約八十万両。これも換算すると、六百五十億円にも達していたことである。

闕所の狙いは借金帳消し

五代目広当（辰五郎）が闕所《けっしょ》となったのは十八歳のとき。手代《てだい》と取り巻き連中にだまされて判を捺したのが命取りになり、手代は行方をくらまし、取り巻き連中は獄門（死刑）となったが、辰五郎は財産を没収されて大坂三郷《さんごう》から追放されただけ。目に余る驕奢《きょうしゃ》をとがめられたのではなく、幕府の狙いは巨額債務を帳消しにすることだったようである。

それに、実際に淀屋でぜいたく三昧《ざんまい》、放蕩《ほうとう》三昧の生活を送っていたのは四代目重当。算盤《そろばん》や秤《はかり》の扱いも知らず、経営のことはすべて手代任せだったといわれている。

所払いとなり、無一文となった五代目広当（辰五郎）は、ここ八幡に移り住んで、享保二年（一七一七）三十歳で没していた。

お俊・伝兵衛心中事件と積善院準提堂

元禄十五年、聖護院の森を舞台にして起こった呉服商井筒屋伝兵衛と近江屋のお抱え遊女お俊《しゅん》の心中事件は、当時の京中の話題をさらった。だが、事件から八十年ほど経つと、ありふれた若い男女の心中事件は、狂言作者の手にかかって波乱万丈涙を誘う悲劇の物語に変わっていた。

古くから聖護院の森に建てられていた二人の供養塔は、積善院準提堂の境内に移されていて、傍らに古典芸能関係者の写経を納めた供養塚が築かれていた。

積善院準提堂の本堂左横手にあるお俊伝兵衛の供養塔と恋情塚

聖護院の森での心中事件

五大力尊で知られている積善院準提堂の本堂

元禄十五年（一七〇二）の暮れのことである。当時聖護院のあたりはうっそうとした深い森に覆われていた。その森の中で若い男女の心中死体が発見された。男は二十三、四歳、女は二十歳前後。死因は縊死《いし》。すなわち首つりである。京中はこの若い男女の心中事件でもち切りとなった。

そして、調べがすすむうちに、男は釜座通姉小路下ルで呉服商井筒屋を営んでいた伝兵衛、女は四条通先斗《ぽんと》町上ルにある遊女屋近江屋のお抱え遊女お俊《しゅん》であることが判明した。

どうやら伝兵衛が遊女屋に通ううちに馴染《なじ》みとなったお俊にぞっこん惚《ほ》れ込んでしまったようである。なんとか身請《みう》けをしたいと思うのだが、細々とした呉服屋稼業ではその金もなく、思い余って心中してしまったというのが、どうやら事の真相のようである。ところが、若い男女の心中事件とあって、当然のことのように尾ひれがついた。

祭文読みや浄瑠璃の題材に

事件は早速〈歌祭文《うたざいもん》〉となって京中に広まっていった。昔、山伏が町角に立って錫杖《しゃくじょう》を振りまわし、法螺貝《ほらがい》を吹きながら、声高く神仏の霊験を語っていたが、この当時は社会の出来事を面白おかしく、三味線を弾《ひ》きながら節《ふし》をつけて語って聞かせる〈祭文読《さいもんよ》み〉がいた。その歌祭文の古い記録の中に「京おしゅん伝兵衛心中」の一曲（文?）があった。

それに同じ元禄・宝永の頃（一六八八〜一七一一）に都一中《みやこいっちゅう》なる人物が創始して、京・大坂を中心に爆発的な人気となった浄瑠璃《じょうるり》の一派に〈一中節《いっちゅうぶし》〉があった。この創始者一中が得意としていた演目の中に「おしゅん伝兵衛川原の心中」があった。一中は元禄・宝永の頃に活躍をして享保（一七一六〜三五）の頃には没しているので、歌祭文と同様に、事件が起こるとすぐに、一中も若い男女の心中事件は格好の材料とばかりに浄瑠璃に取り入れていたようである（『声曲類纂』）。

そして事件から十七年経った享保三年（一七一八）、京の夷屋座《えびすやざ》で〈おしゅん伝兵衛十七回忌〉と銘うって浄瑠璃の興行が行われていた。

二つの出来事が加えられて

当初はありふれた若い男女の心中事件にすぎなかった。ところが、事件から三十六年ほど経った元文三年（一七三八）、京の町で猿回しをしながら盲目の母を養っていた丹波屋佐吉なる若者が、孝養を尽くして健気《けなげ》であると奉行所から表彰される出来事があった。美談である。それに、同じ頃、四条河原の芝居小屋で、武家に仕える下僕《しもべ》と所司代《しょしだい》の足軽《あしがる》たちがささいなことから喧嘩《けんか》をはじめ、死者が出る騒ぎがあった。

この二つの事件が狂言作者の創作意欲をかきたてたようで、おしゅん伝兵衛の心中事件にミックスされて、新たに人形浄瑠璃・歌舞伎狂言が作り出されて、「近頃河原達引《ちかごろかわらのたつひき》」が誕生した。最初に上演されたのは天明二年（一七八二）といわれ、事件から八十年目、お俊伝兵衛の心中事件は波乱万丈、涙を誘う悲劇の物語に変わっていた。

「近頃河原達引」のあらすじ

「近頃河原達引」〈上の巻〉は祇園・揚屋の場。井筒屋伝兵衛は遊女お俊と相思相愛の仲。伝兵衛は一日も早くお俊を身請けしようとあせるうちに、亀山の勘定役人横渕官左衛門がお俊に横恋慕《よこれんぼ》。罠を仕掛けて伝兵衛から三百両を奪い、その金でお俊を身請けしようとするのだが、伝兵衛の父が見かねて二人のために身請け話をすすめると、今度は横渕があせり出し、お俊を盗み出そうとして失敗する。

〈中の巻〉は河原・堀川の場。恨《うら》みを抱いた横渕は四条河原でお俊の駕籠を襲う。ところが、駕籠の中から出てきたのは伝兵衛。横渕は伝兵衛に撲《なぐ》りかかり、思い余った伝兵衛はいつの間にか横渕を斬り殺していた。幇間《ほうかん》（たいこ持ち）又八がその罪を引き受け、伝兵衛はその場から逃走する。

250回忌の年に建立された〈お俊伝兵衛恋情塚〉の碑。浄瑠璃の一節が刻まれている

事件を知った遊女屋では災難が降りかかってはと、お俊を堀川の貧しい実家に戻していた。そこへ伝兵衛が忍んで来る。お俊の兄・猿回しの与次郎と盲目の母は激怒して伝兵衛をお俊に会わせまいとする。だが、伝兵衛を思うお俊の熱情に心を打たれて、二人を許すことにし、駆け落ちでもするがよいと、与次郎は猿を回して二人の門出を祝う。だが、二人は死に場所を求めて聖護院の森へと向かっていく。

当時、心中事件を扱うことは御法度《ごはっと》（禁止）であった。そのため「近頃河原達引」では、〈下の巻〉道行《みちゆき》・聖護院の場が設けられていて、二人は心中をしようと聖護院の森まで来るが、横渕官左衛門の悪事が露見《ろけん》して、二人は目出たく結ばれている。大団円《だいだんえん》である。

二人が心中した聖護院の森には、古くから供養塔が立てられていた。その供養塔を聖護院の積善院《せきぜんいん》準提堂《じゅんていどう》の境内に移し、心中後二百五十回忌の年に当たった昭和二十七年（一九五二）十一月、当時歌舞伎・浄瑠璃・文楽などの分野で活躍していた豊竹山城小椽・竹本綱太夫・鶴沢寛治郎・中村雁治郎・中村富十郎・片岡仁左衛門・竹沢弥七・吉田文五郎などの諸氏が二人のために写経をして供養塔の傍らに埋納、「お俊伝兵衛恋情塚」を築いていた。そして、その碑の一隅に「やつす姿の女夫連れ、名を絵草紙に聖護院、森をあてどにたどり行く」と、浄瑠璃の一節を刻んでいた。

お半・長右衛門心中事件と誓願寺

宝暦十一年四月、桂川の川岸に着物のすそをしっかりと結び合わせた男女の水死体が発見された。京都柳馬場押小路《おしこうじ》に住む信濃屋の娘お半と、その家に出入りしていた帯屋長右衛門の二人である。

事件の真相はどうやら強盗殺人事件なのだが、男女の事件となると相も変わらず不義密通・妊娠の末の心中事件と、お決まりの衣装を着せられ、『桂《かつら》川連理柵《がわれんりのしがらみ》』という歌舞伎狂言などになって、人々の涙を誘っていた。

人通りでにぎわう新京極通の六角広場に向かい合って門を開けている誓願寺

心中事件と色めき立ったが……

江戸時代の半ば宝暦十一年（一七六一）四月十二日のことである。桂川の川岸で着物のすそをしっかりと結び合わせた男女の水死体が発見された。

色恋沙汰《ざた》にはことのほか敏感な京の町衆たちである。〈すわっ心中事件〉と、京中は色めき立った。ところが、腑《ふ》に落ちないことがあった。男は四十四、五歳、女は十四、五歳の娘。心中にしては歳があまりにも掛け離れていた。

けれど、うわさは京中を駆けめぐった。そのうわさを聞いて、〈もしや〉と、身内の者が駆けつけて来て、二人の身元が判明した。京都柳馬場押小路下ル虎石《とらいし》町に住む信濃屋の娘お半（十三歳）と、その家に出入りしていた帯屋《おびや》長右衛門（四十五歳）の二人である。

しかも、このとき長右衛門が所持していた金子《きんす》二十両余りがなくなっていた。どうやら二人は強盗に襲われて金子を奪われ、揚げ句の果てに心中に偽装されて桂川に投げ込まれたに違いなかった。

伊勢詣りの途中、石部の宿で

この事件もまたさまざまな尾ヒレがついて語られていった。

一説によると、信濃屋の娘お半が母の計《はか》らいで乳母と丁稚《でっち》の長吉に付き添われて伊勢詣りに出かけた。ところが、旅の途中で浜松に行商に出かけていた隣家の帯屋長右衛門に出会い、そろって石部《いしべ》（滋賀県湖南市）の宿場で宿をとった。その夜、日頃の思いを遂げようと、丁稚の長吉がお半の寝床に忍んで来る。驚いたお半は長右衛門の部屋に逃れたが、そのときお半は妻子持ちの長右衛門と結ばれていた。このときから密会を重ね、やがてお半は懐妊。そこで二人は斎院村《さいいんむら》に住む乳母の実家で出産しようと、金子を用意して出かけたが、途中桂川で渡し舟の船頭に襲われて金子を奪われ、情死を装って桂川に沈められたという（『及瓜漫《きゅうかまん》筆《ぴつ》』）。

柳馬場押小路の角にある蒲鉾の老舗茨木屋は長右衛門の家の跡地といわれ、その縁で茨木屋では折々誓願寺の墓地を訪れて二人の供養を続けていた

もろ肌脱いだのが運の尽き

また一説には、同じ町内に住むお半と長右衛門の二人、いつの頃からか密通していてやがて懐妊。やむなく二人は相携えて出奔《しゅっぽん》、とりあえず桂川の近くに住むお半の乳母宅に止宿したが、二人がかなりの金子を持っていることを知った乳母は、その日の夜半息子とともに二人の寝所に忍び込んで二人を絞殺《こうさつ》、二人の着物の褄《つま》を結んで心中を偽装、桂川に投げ入れていた。

数日後、二人の死体が浮き上がり、人々はみないったんは情死とみたが、二人の年格好から情死に疑問をもつ人たちが多かったという。

ところが、それから一年後、お半の家で一周忌の法要が営まれたが、このとき乳母も手伝いに呼ばれ、なにくわぬ顔をして接待用の牡丹餅《ぼたもち》の餡《あん》づくりに当たっていた。小豆《あずき》を煮上げるのだが、あまりの熱さにもろ肌《はだ》を脱いだのが運の尽《つ》き。このとき着ていた襦袢《じゅばん》（下着）がお半が着ていたもの。かくて奉行所に訴えられて乳母とその子は逮捕《たいほ》、極刑に処されたという話である（『異聞雑稿《いぶんざっこう》』）。

滝沢馬琴の聞き書きは真実か?

事件から十五年経った安永五年（一七七六）十月、大坂北堀江の豊竹座で『桂川連理柵《かつらがわれんりのしがらみ》』と題した浄瑠璃《じょうるり》が上演された。石部の宿場からはじまるお半長右衛門の心中物語である。この芝居の影響を受けて、石部の宿場にお半長右衛門が宿泊したという旅籠《はたご》が名乗りを挙げて、一躍評判になっていた。

ところが、あまりにも事実を無視した作り話がつぎつぎと横行するのを嘆《なげ》いている人がいた。事件当時取り調べに当たったという町奉行所の役人であった人物である。この人が語ったという話を、あの『南総里見八犬伝《なんそうさとみはっけんでん》』を書いた作家滝沢馬琴《たきざわばきん》が書き留めていた。

それによると、当時お半は大坂にいる親戚筋の紹介で、大坂の某家に奉公に行くことになっていた。ところが、いつまで経っても迎えの人が来ない。そこへたまたまお半の家に出入りしている大坂の商人帯屋長右衛門が京での商《あきな》いを終えて立ち寄った。お半の親は早速長右衛門に話し、お半を大坂に連れていってもらうことにした。長右衛門はその夜、お半の家に泊まり、翌早朝お半を連れて出立《しゅったつ》した。ところが、桂川まで来たが、渡しの舟が出るまで時間があった。そのため二人は岸辺に腰を下ろして休んでいたが、そこへ賭博場《とばくば》帰りか、地元の悪党が通りかかった。歳の離れた二人をみて少女誘拐《ゆうかい》か人買《ひとか》いとみて、ならば懐に路用の金子があろうと、言葉巧みに二人に接近、舟待ちの事情を聞くや、送って進ぜようと近くの繋船《けいせん》に飛び乗って二人を誘った。そして川の中ほどまで来るや突如豹変《ひょうへん》して竹竿《たけざお》で二人を打擲《ちょうちゃく》、金子を奪って半死半生の二人を着物の褄《つま》を結び合わせて情死に偽装、川の中に投げ入れていた。

そして一年後、奪った金子を使い果たして最後に残った小判一両を包み紙のまま両替屋に両替に持ち込み、その包み紙から足がついた。悪党は逮捕されて即刻処刑。このとき吟味《ぎんみ》（取り調べ）に当たった奉行所役人の証言である。だが、この証言も聞き書きとあって、どこまで真実なのかは不明である。

誓願寺の墓地に眠るお半長右衛門の二人の法名が刻まれた墓

無残にも桂川に投げ込まれたお半と長右衛門の二人は、新京極の繁華街の中にある浄土宗西山深草派総本山の誓願寺《せいがんじ》の墓地で眠っている。碑面に「義光浄意信士」「俊妙照英信女」と、二人の法名が並んで刻まれていて、いまも香華が絶えることなく続いていた。

おさん・茂兵衛密通事件と宝迎寺

天和《てんな》三年九月、京の烏丸通仏光寺下ルで〈大経師暦《だいきょうじごよみ》〉という暦の独占販売権をもっていた大店《おおだな》大経師屋意俊《いしゅん》の内儀おさんが、手代の茂兵衛と密通、手に手をとって駆け落ちまでするが、逮捕されて粟田口《あわたぐち》の刑場で処刑されている。

事件はたちまち歌祭文《うたさいもん》となって語られ、あの井原西鶴も近松門左衛門も手を染めていくうちに、いつしか事件の真相は闇の中。粟田口の刑場から山科の宝迎寺《ほうごうじ》に移されて来た墓塔が物悲しさを今日に伝えている。

車の往来の激しい旧奈良街道沿いにひっそりとたたずむ浄土宗宝迎寺。中央入り口の右手は地蔵堂で弘法大師作と伝える地蔵尊が祀られている

処刑されたおさんと茂兵衛

元禄の時代が到来する五年ほど前の天和《てんな》三年（一六八三）九月二十二日のことである。後ろ手に縛られた一組の男女と女ひとりの三人が裸馬の背に乗せられて、京の市中を引き回しされながら刑場へと向かっていた。

一行の通る道筋には、密通した男女の引き回しと聞いて続々と人が集まって来て、みな好奇なまなざしで馬上の三人を見詰めていた。

やがて粟田口の刑場に到着するや、一組の男女はそれぞれ磔台《はりつけだい》に十の字にくくりつけられ、鋭く削った竹槍で脇腹から斜め上に肺を抉《えぐ》って反対側の肩先へと、なんどもなんども激しく突き立てられて絶命した。そして、いまひとりの女は首を刎《は》ねられて、その首が首棚《くびだな》に据えられ、磔台の二人とともに見せしめのため、数日の間晒《さら》されていた。

この日、磔台で処刑されたのは不義・密通を犯した大経師屋意俊《いしゅん》の妻さんと手代《てだい》の茂兵衛。首を刎ねられ晒し首となったのは、この二人の仲を取りもった下女のたまである。

歌祭文が語る密通事件の真相

事件は〈おさん茂兵衛の姦通《かんつう》事件〉と騒がれて京中の話題をさらった。舞台となったのは烏丸通仏光寺下ルで大店《おおだな》を張っていた大経師屋意俊の妻とその手代である。

当時、大経師屋意俊の店は、毎年土御門《つちみかど》家が作成する新しい年の暦《こよみ》を〈大経師暦《だいきょうじごよみ》〉と銘うって出版、京・大坂をはじめ近畿一円に販売をする独占権をもった大店であった。

早速この事件もまた、〈お俊伝兵衛の心中事件〉の場合と同じように、〈祭文読《さいもんよ》み〉によって『大経師おさん茂兵衛』や『大経師おさん歌祭文』などの歌祭文《うたざいもん》が作られて、町角で語られていった。今日残されている『大経師おさん歌祭文』は、この事件をつぎのように語っていた。

大経師屋の手代茂兵衛が、主人意俊の内儀おさんの色香に迷って横恋慕《よこれんぼ》、日夜悶々《もんもん》としているのを見た下女の玉が、「心安かれ茂兵衛殿、なにとぞ取り持ち申さん」と茂兵衛から恋文を預かり、おさんに手渡す機会を窺《うかが》っている。やがて意俊が江戸に出かけた留守を見計らって、玉は使いに出た折りに、道で拾ったが字が読めないのでと、茂兵衛の手紙をおさんに渡す。おさんは読み進めるうちに自分宛の恋文とわかり、「おさんははつと赤面し」玉を叱る。このとき玉は、お腹立ちはごもっともだが、茂兵衛はこの手紙の返事如何によっては、首をくくって死ぬつもり。「男ひとりを助けるはこれぞ功徳《くどく》の海深し、なにとぞ思ひ直されて露の情かけ給え」と、玉は懸命におさんを説得する。（ここで祭文読みは小休止。以下は下の巻、クライマックスとなる。）

西鶴も門左衛門も筆を取って

玉の説得におさんは「死なんというは真《まこと》か。さほどに思う事ならば、今宵忍ばせよ。一夜限り」と言い置いて……（略）……。

その夜、思いを遂げた茂兵衛は、主人の目を掠《かす》めての罪、この上は髪を下ろして仏門へと、涙を流して反省することしきり。おさんはなにもそこまでせずとも、人目につかねばよいではないかと、今度はおさんが夢中になる始末。やがておさんは「青梅好む身のつわり《あおうめこのむみのつわり》」と妊娠《にんしん》する。困り果てたおさんは「愛宕《あたご》参りに事よせて三人もろとも家を出て」、茂兵衛の古里丹波国へ落ちて行く。飛脚の知らせで江戸にいた意俊は急ぎ戻り、国々在々《くにぐにざいざい》を探し回って、ようやく居所を突き止めている。

「あら痛わしや　おさんこそ末代の見せしめにと　京町々を引き渡し不義にきわまる間男《まおとこ》のはては憂き目にあわた口　蹴上《けあ》げの水でとどめ置く　姿は朽《く》ちて名は残る」と、節回しよろしく祭文読みは語っている。

事件直後の歌祭文とあって、かなり真相を語っていると思われるが、三年後の貞享三年（一六八六）に井原西鶴が小説『好色五人女』の巻三でこの事件を扱い、処刑後三十三回忌に当たった正徳五年（一七一五）には近松門左衛門が浄瑠璃《じょうるり》『大経師昔暦《むかしごよみ》』を発表。その間にもさまざまの〈おさん茂兵衛物〉が数多く登場して、ときには好色・肉欲的に、ときにはより悲劇的にと尾ヒレがついて描写されているために、今日どれが真相を伝えているのか、史実を解き明かすことは困難である。

山科宝迎寺に移された墓塔

山科地区を北から南へ縦貫する旧奈良街道、南大塚の交差点を南へ向かうとすぐに浄土宗の寺宝迎寺《ほうこうじ》がある。元暦《げんりゃく》元年（一一八四）に薬師堂として創建されたが、戦乱などで荒廃、応永

粟田口の刑場から移されて来たおさん茂兵衛の供養塔

年間（一三九四〜一四二八）に宝迎寺と名を改めて再建されたという古い寺である。この寺の本堂裏手にある境内墓地に〈おさん茂兵衛の供養塔〉がある。

明治初年の頃、京と大津を結ぶ京津街道の改修工事が行われた際、粟田口の刑場が取り潰されて、林立していた墓塔の多くが、無残にも道路工事の礎石《そせき》などに転用されていった。このとき、この工事に携わっていた当時宝迎寺の檀家総代を務めていた阿口《あぐち》源造がおさん茂兵衛の墓塔を発見、菩提を弔《とむら》うためにこの寺に移して来たものだと言われている。物悲しい事件を今日に伝える一本のわびしい石柱である。

鳥取藩士の女敵討ち事件

宝永三年六月七日、京の堀川下立売で事件が起こった。因幡《いなば》鳥取藩の藩士が女二人を連れて上洛して来て、妻を寝取った小鼓打《こつづみう》ちの師匠の男を探し出して討ち果たしたのである。

事件はたちまち京中を駆けめぐった。三ヵ月後には読み物となって各地に伝わっていく、劇作家近松門左衛門も早速戯曲化して翌年二月に上演されるが、妻を寝取られたしがない武士の仇討《あだう》ちとあって、話題はいつしかしぼんでいった。

堀川下立売通の交差点にかかる橋から堀川の下流をのぞむ。川の流れはいまはわずか一筋である

小鼓打ちと密通した武士の妻

赤穂浪士の吉良邸討ち入りの事件から三年ほど経った宝永三年（一七〇六）六月七日、京の堀川で討ち入り事件が起こった。因幡鳥取藩池田家の家臣が上洛して来て、妻の敵《かたき》を探し出し討ち果たしたのである。京中での仇討ちとあって町は騒然となった。この事件を鳥取藩の記録『鳥取池田藩芸能記録』は宝永三年六月七日のこととして、つぎのように伝えていた。（要約）

因幡鳥取藩三十二万石の池田家の家臣で、藩の台所で料理人を務めている大蔵彦八郎が、主君の参勤交代のお供をして江戸に赴き、このほど帰国すると、留守中に妻が、京より雇っていた小鼓打《こつづみう》ちの師匠宮井伝右衛門と「密通ノ不義」あることが発覚した。彦八郎はすぐさま妻を刺し殺し、仇を討つため藩から暇《いとま》をもらって鳥取を出立《しゅったつ》、この日（六月七日）京都堀川にて伝右衛門を討ち果たしたという。妻を寝取られた男の悲しい報復譚である。

『月堂見聞集』の記事

事件の真相がさらに別の史料によって、その詳細が明らかになった。『月堂見聞集《げつどうけんもんしゅう》』（本島知辰著）という元禄十年（一六九七）から享保十九年（一七三四）にかけての世上の出来事を書き留めた書物の中に、「因州鳥取住人　妻ノ敵ヲ打ツ」と題して大蔵彦八郎が公儀に提出したという上申書の写しが収録されていた。

それによると、大蔵彦八郎は、前年の宝永二年六月、主君のお供をして江戸に赴き、当（三

〈堀川通下立売東入ル角〉は昔も今もこの角があるだけである。ということは事件はこのあたりで…

年）五月十五日、鳥取に帰国したところ、女房のたねが宮井伝右衛門と申す者と密通しているとの噂が藩内に広まっていた。そこで彦八郎は妹のくらと妻の妹ふうの二人を呼んで聞きただしたところ、二人ともその事実を知っていた。早速妻を詰問《きつもん》したところ、密通の事実を白状したので、五月二十七日彦八郎は妻たねを刺殺した。そして二十九日、妻の敵を討つために、上司の組頭《くみがしら》に暇乞《いとまご》いの届け出をして鳥取を出立した。このとき彦八郎は伝右衛門を見知らぬため、くらとふうの二人を連れている。

六月四日、一行は京に到着、市内をくまなく探したところ、伝右衛門は「下立売通堀川東へ入ル角」に住まいしていることが判明した。そこで六日京都所司代に仇討ちの届け出をして、翌七日朝五ツ（午前八時）すぎに伝右衛門宅に押し入り、首尾よく討ち取ったと伝えていた。上申書の写しとあって、かなり詳細に事件の顛末《てんまつ》を伝えている。

名古屋に達した密通事件

大蔵彦八郎は密通した妻を刺殺したばかりか、女二人を連れて密通の相手を探し出して討ち取っている。そのため、当時「女敵討ち《めがたきうち》」と騒ぎ立てられ、「遠近甚だこれを伝う」と、京中ばかりか各地にも伝わっていた。

名古屋に住む尾張藩士朝日重章も、日記『鸚鵡籠中記《おうむろうちゅうき》』の中に、宝永三年六月二十九日の条に「今月はじめ頃、京の堀川辺にて」と、この事件をつぎのように記していた。(要約)

彦八郎の留守中のこと、妻が子に鼓の稽古をさせるうちに鼓打ちの師匠と密通、近所の評判になっているのを紺屋《こうや》(染物屋)に嫁入っていた彦八郎の妹が聞きつけ、ただちに江戸にいる兄の彦八郎に通報した。彦八郎は大いに怒り、ただちに暇をもらって鳥取に帰り、一刀のもとに妻を斬《き》り殺している。そして鼓打ちの顔を見知らぬために、彦八郎は妹と妻の妹を連れて上洛、鼓打ちの命を狙い、六月二、三日の頃、京の堀川で見つけ出し、鳥取から姉の手紙を預かって来たといって女二人が先に訪れ、伝右衛門の在宅を確認するや彦八郎が討ち入っていた。

そして事件後のこととして、京の町奉行所は鳥取藩京屋敷の留守居に彦八郎たちを引き取るように連絡した。ところが、留守居の者は面倒だとばかりに、そのような人物は知らないと引き取りを渋っていた。そのため奉行所では、ならば法に基づき入牢を申しつけるしかないが、それでもよいかと留守居に再確認をしたところ、留守居はあわてて彦八郎たちを引き取ったと記している。

そして、この記事の末尾に、またの話として、最初妻の妹が鼓打ちと関係、その後で姉（彦八郎の妻）が密通したので、妹が嫉妬《しっと》のあまり彦八郎に訴えたことを伝えていた。事件の真相はさまざまな形で各方面に伝わっている。

本になり上演もされたが…

事件が起きたのは宝永三年六月七日。ところが、その年八月には早くも『京縫鎖帷子《きょうぬいくさりかたびら》』（森《もり》本東烏《もととうう》著）という浮世草子《うきよそうし》（読み物）になって出版された。そして九月にも『熊谷女編笠《くまがやおんなあみがさ》』（錦文流《にしきぶんりゅう》著）が刊行されている。

いつの世も素早い反応である。それればかりか、この浮世草子を読んで創作意欲をかき立てられたのか、あの戯作家で知られた近松門左衛門も早速戯曲化に着手、『堀川波鼓《ほりかわなみのつづみ》』を完成させると、翌宝永四年二月十五日から大坂の竹本座で上演をはじめていた。事件後わずか八ヵ月のことである。

だが、仇討ちとはいっても赤穂浪士の討ち入りと違い、留守中妻に浮気をされた下級侍《さむらい》の悲しい報復物語とあって、事件のほとぼりが冷めるのも早く、むしろ軽蔑視されはじめたようである。芝居も大坂の竹本座についで、京の宇治座で上演されただけで終わっていた。だが、明治以降になって近松門左衛門の作品ということで見直され、上演の機会も増えたようである。

その後の大蔵彦八郎と二人の女、それに斬られた宮井伝右衛門については、全く手掛かりはない。

二条城勤番侍の二つの事件簿

徳川家康が将軍家の威光と武威を誇示するために、京という都の中にくさびのように打ち込んだ徳川の城〈二条城〉。だが、豊臣家を倒して強固な幕藩体制が確立すると、三代将軍家光の入城を最後にして、二条城は城としての役割を終え、以後変化のない退屈な日々が流れていた。
一年交替で江戸から赴任して来る留守居する勤番《きんばん》の侍《さむらい》たちも、退屈な時間をもてあまし、女に恋して心中したり、城を脱走する侍たちがいた。

徳川家の威光と武威を誇示した城

二条城は平成十五年（二〇〇三）に〈築城四百年〉という節目《ふしめ》の年を迎えていた。

徳川家康は慶長六年（一六〇一）五月、神泉苑の北辺一帯の町家五千軒余りに立ち退きを命じて、それが済むのを待って翌七年五月、関西の諸大名に手伝普請《てつだいふしん》を命じて二条城の築城工事を始めている。工事は当初から急がれていて、昼夜兼行で進められ、着工から十ヵ月ほど経った慶長八年（一六〇三）三月に竣工した。

竣工前には「内府（家康）屋形」「京都新屋敷」などと呼ばれていたが、竣工すると「京之城」「二条之御城」と呼び名が変わったように、二条城は明らかに〈城〉であった。豊臣秀頼を擁《よう》して大坂城に立て籠っている豊臣家一門をはじめ、朝廷や京の町衆たちに対して、徳川家の権勢と武威を誇示するための〈城〉であった。

だが、慶長二十年（一六一五）五月大坂夏の陣で豊臣家を倒し、徳川家による強固な幕藩体制が確立してくるにつれて、二条城は〈城〉としての役割を終えていった。寛永十一年（一六三四）七月、三代将軍家光が徳川家の威光を内外に誇示するために三十万六千余の大軍を率いて上洛、二条城に入った。このときを最後にして、以後歴代将軍が上洛し

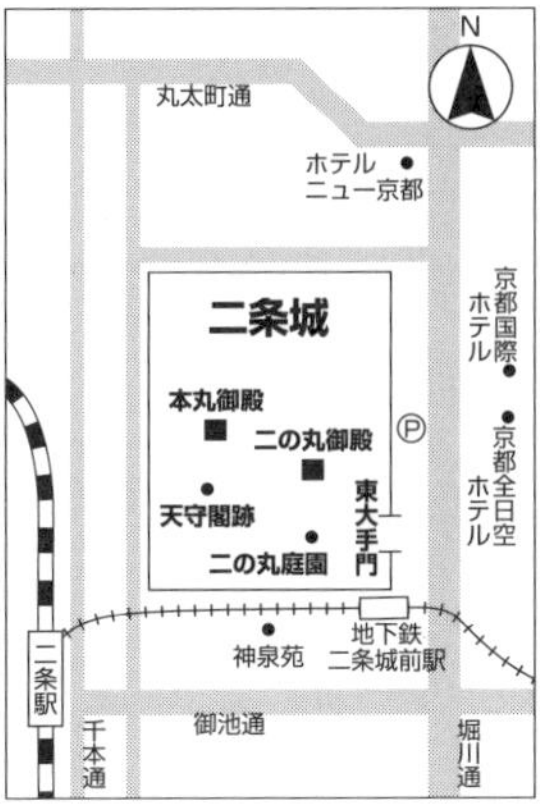

て来ることもなく、二条城はわずかばかりの留守用人（勤番《きんばん》）がいて警備に当たっていただけである。

　ところが、二条城という厳《いか》めしい表舞台の蔭で、この勤番の侍たちが、きわめて庶民的な事件を起こしていた。そのひとつが心中事件である。

勤番侍半九郎とお染の心中

　寛永三年（一六二六）九月二十九日の夜、二条城勤番の江戸侍菊池半九郎が祇園の茶店女お染と鳥辺山《とりべやま》の野井戸に飛び込んで心中した。当時まだ〈心中〉という言葉は生まれて

鳥辺山にある日蓮宗本寿寺

おらず、無粋《ぶすい》にも〈相対死〉とよばれていた時代である。

半九郎は二条城普請奉行の組下《くみした》という、足《あし》軽《がる》に毛の生えた程度の下《した》っ端《ぱ》侍で二十二歳。お染は八坂神社の参詣客を目当てにした掛け茶屋「若松」の茶汲《く》み女十九歳。半九郎はお染にひと目惚《ぼ》れして通ううちに金を使い果たし、公金にまで手を出す始末。行き詰まった半九郎は遂にお染を誘って鳥辺山で心中する。

若者の純粋な恋物語とあって、心中物で評判の劇作家近松門左衛門も脚本化を諦《あきら》めて、当時流行していた上方唄《かみかたうた》（小唄）で「一人来て二人連れ立つ極楽の、清水寺の鐘の声………われら二人が身の上よ………尽きた浮き世や、いざ鳥部野《とりべの》の露と消えん………」（『鳥部山』）と美しく唄い上げていた。

岡本綺堂作の『鳥辺山心中』

お染半九郎の事件が世上で評判になるのは、事件から六十年ほど経った元禄時代、おさん茂兵衛やお俊伝兵衛の心中事件などが起こってからである。お染半九郎はこれら心中事件の先達《せんだつ》・先駆者《せんくしゃ》と言われていた。

だが、戯曲化されたのは大正四年（一九一五）と最も新しい。岡本綺堂作の『鳥辺山心中』（一幕二場）である。

筋はいたって簡単で、旗本菊池半九郎が祇園の遊女お染の汚れを知らぬかれんな風情に心を奪われ、家宝の刀を金に替えてでもお染を身請けして親元に帰してやろうとするが、

墓前の石造花立や石柱には江戸の昔から〈お俊伝兵衛〉と刻まれているのだが、この墓は〈お染半九郎〉の墓だといわれて寺は困惑している

親友坂田市之助の弟源三郎に生活態度を注意されて口論、果たし合いの末に半九郎は源三郎を斬《き》り殺していた。その場で切腹しようとするがお染に止められ、二人は死に場所を求めて鳥辺山にのぼっていく。「清き乙女に恋をして」「鳥辺の山を死に場所と」と、名セリフが生まれていた。

二人は鳥辺山の日蓮宗本寿寺《ほんじゅじ》の墓地で眠っている。ところが、この墓は江戸の昔から〈お俊伝兵衛〉の墓なのだが、近年、この墓は〈お染半九郎〉の墓だと考証する人がいて、寺は困惑してしまっている。

脱走して死刑となった勤番侍

二条城を舞台にしたいま一つの事件は勤番侍の職場放棄・脱走事件である。

二条城を留守居する勤番の侍たちは一年交替で江戸から赴任して来た。文字通りの留守番役で、とりたてて辛《つら》い、苛酷《かこく》な仕事が待っていたわけではない。

ところが、江戸時代も半ばをすぎた寛保《かんぽ》元年（一七四一）七月十一日、江戸から赴任していた勤番の別所弥四郎が職場を放棄して二条城より脱走した。原因はホーム・シック。江戸にいる妻子が恋しくてたまらず、思い余った弥四郎は下僕《しもべ》（奴《やっこ》）の姿に変装をして城を抜け出している。ところが、翌日祇園町にひそんでいるところを見つかってしまったのである。

「二条城に戍役《じゅえき》（勤務）してありながら、しきりに故郷（江戸）に帰らまほしく思ひ、ひそかに奴のさまして城を逃出せしを捕えられたるなり」（『徳川実紀』）。その結果は無残にも〈死刑〉であった。

城としての役割を終えた二条城は、その後、寛延三年（一七五〇）落雷で天守閣を焼失、天明八年（一七八八）には京中大火で類焼して本丸御殿を失うなど衰微を続け、激動の明治維新を迎えるときまで、勤番の侍たちには退屈な時間が流れていた。

あとがき

本書は『朝日新聞』（京都版）に、毎月一日折り込み配布されている情報誌『ほーむめいどあさひ』（同編集室編）の紙上に、一九九九年四月創刊以来、「京の町に史実を追って」と題して連載を続けてきたものの中から、〈戦国〉にスポットを当てて一書を編み直したものである。

京中の寺には、実に多くの人たちが眠っている。その中に戦国の時代を彩った武将たちが、ドラマを演じた往時のままの姿で眠っていた。また中には天下を統一した豊臣秀吉のように、奇しくも一族の者たちがみな京中で眠っていたが、どの者たちもみな、栄華の面影もどこへやら、悲しいドラマを演じて、無惨にも姿・形まで変わっていた。

いたるところに残酷な風景が広がっていた。それらを拾い集めているうちに、気がつくと、連載をはじめてから早や八年の歳月が流れていた。

それに加えて、取材に訪れた先々の寺で、温かいご協力を頂戴したこと、刊行の都度、編集室に寄せられて来る多数の読者からの励ましの手紙などが取材・執筆の励みとなった。この場を借りて、改めて深甚の謝意を申し上げたい。

最後に、本書の出版に当たって多大のお骨折りをいただいたサンライズ出版の岩根社長をはじめ、編集部のみなさま方に厚く御礼を申しのべたい。

二〇〇七年三月

津田三郎

■著者略歴

津田　三郎（つだ　さぶろう）
1933年（昭和８年）東京に生まれる。中央大学経済学部卒業。新聞記者、雑誌編集記者を経て、作家。小説「雑兵物語」で第１回1000ドル賞を受賞。

著書『考証　切支丹が来た島』（現代書館）
『家康誅殺』（光風社出版）
『秀吉の悲劇』（PHP文庫）
『北政所』（中公新書）
『秀吉英雄伝説の謎』（中公文庫）
『太閤秀吉の秘仏伝説』（洋泉社）
『秀吉の京をゆく』（淡交社）
などがある。

京都・戦国武将の寺をゆく

2007年３月10日発行

著　者／津　田　三　郎
発行者／岩　根　順　子
発行所／サンライズ出版株式会社
〒522-0004 滋賀県彦根市鳥居本町655-1
TEL 0749-22-0627　FAX 0749-23-7720

印刷・製本／P-NET信州

ISBN978-4-88325-320-3